破山中贼易，破心中贼难。

——王阳明

王阳明心学

知行合一的人生哲学

阳铭◎著

当代世界出版社
THE CONTEMPORARY WORLD PRESS

图书在版编目(CIP)数据

王阳明心学：知行合一的人生哲学 / 阳铭著. — 北京：当代世界出版社, 2017.1（2020.9重印）

ISBN 978-7-5090-1170-6

Ⅰ.①王… Ⅱ.①阳… Ⅲ.①王守仁（1472-1528）-心学-研究 Ⅳ.①B248.25

中国版本图书馆 CIP 数据核字(2016)第 289826 号

书　　名：**王阳明心学：知行合一的人生哲学**
出版发行：当代世界出版社
地　　址：北京市东城区地安门东大街70-9号
网　　址：http://www.worldpress.org.cn
编务电话：(010)83907528
发行电话：(010)83908410（传真）
　　　　　13601274970
　　　　　18611107149
　　　　　13521909533
经　　销：全国新华书店
印　　刷：三河市宏顺兴印刷有限公司
开　　本：710 毫米×1000 毫米　1/16
印　　张：15
字　　数：220 千字
版　　次：2017 年 6 月第 1 版
印　　次：2020 年 9 月第 3 次
书　　号：ISBN 978-7-5090-1170-6
定　　价：45.00 元

序 言

明武宗正德三年，公元1508年，心学集大成者王阳明在贵阳文明书院讲学时，首次提出了知行合一说。所谓“知”，主要是指人的道德意识和思想意念；“行”，主要是指人基于道德意识所进行的实践活动。知是行的前提和基础，行是知的表现和内涵，二者缺一不可。

良知，无不行，而自觉的行，也就是知。王阳明强调知中有行，行中有知，知与行是合二为一的，不能将二者割裂开来。因为道德意识离不开道德行为，道德行为也离不开道德意识，二者互为表里，不可分离。

“知是行的主意，行是知的工夫；知是行之始，行是知之成”，以知为行，知决定行。王阳明认为，知即道德，是人行动的指导思想，一个人在做事情的时候按照道德的要求去做，就可以达到自身内心对道德的期许，做一个有良知的人。如果说一个人不按照道德的原则做事，肆意妄为，随意放纵自己的行为，那么从根本上就会落入非道德的误区，让自己无可奈何，也始终走不出来。

王阳明，字伯安，名守仁，是今浙江余姚人。也许生不逢时对于他来说是悲哀的，但更是幸运的。出身官宦世家的他并未因此放弃读书，反而胸怀大志，饱读诗书。祖父的离世，两次科举考试的落榜都没让他放弃要成为圣人的伟大志向。考取功名本以为可以平步青云，却因为敢讲真话遭到他人的诋毁。被贬贵州虽然百般苦难，但他却不放弃，最终成为一代大儒，成就了自己，成为一个真正有良知的人，一个道德高尚的人。

明朝的政局动荡不安，王阳明心力交瘁，但是他从来都没有忘记自己齐家治国平天下的责任。面对刘瑾的为非作歹，他选择仗义执言，他以为自己的话语能够点醒皇上，却没想到只是六品官员的他起不到什么作用。结果，他先是被廷杖四十，后又被贬谪至荒芜之地——贵州龙场。

在贵州龙场的日子，王阳明遭受了此生最大的磨难。官吏的刁难，人们的欺凌，虽然让王阳明无奈，但是他并未因此放弃自己的志向，更未自暴自弃。他克服困难，在领会儒家失传已久的“格物致知”要旨后，洞察人内心的真实想法，领悟“知行合一”的智慧，最终创立了影响后世的心学。

王阳明的知行合一学说与朱熹的理学思想相对立。他反对程朱理学将知与行分开、先有知才能行的说法，纠正了朱学关于知行的一些偏见。他的知行合一学说深化了道德意识的自觉性和实践性的关系，克服了朱熹提出的知先行后的弊病。他要求人们树立一种信念，在刚开始意念活动时依照“善”的原则去做，将不善和恶念消灭在萌生阶段，做到真正的知行合一。

我们每个人都有自己的困惑，都会受到利益、欲望的牵绊，都可能会与他人发生各种想不到的争执和麻烦，也会在自己的人生道路上遇到各种各样的坎坷，我们该如何面对，又该如何处理，归根结底要用内心的力量，用善念来解决，秉持内心的原则和意念来引导自己的实践行动。

王阳明知行合一的学说，对于生活在物欲膨胀、快节奏生活时代的我们具有非常重要的意义。很多时候，我们会发现，伴随着年龄和阅历的增长，我们逐渐迷失了自我，找不到方向，我们需要停下自己匆忙的脚步，释放自己内心的力量，在沉着冷静中不断地发现新的自我，不忘初心，成就最优秀的自己。

王阳明知行合一学说的精华在于以心为本，提倡善念，用善念指导行动，做一个有良知的人、一个道德高尚的人、一个有情操的人。本书包含了王阳明人生哲学的主要思想，选取其哲学中的精华部分予以深入的分析，从理论与实践两方面进行相对客观的阐释，以帮助读者理解其知行合一学说的精华。不得不说，王阳明提出的知行合一从根本上为人们解决了关于利益、欲望、行为的困惑，让人们可以更加理性地去看待一件事情，用善念来做真正的自己。

目 录
Contents

第一章 修心
——修心则成己，内心强大的人才能大有作为

人生在世若想成就自己，就一定要修心。心好比一面镜子，世间万物皆融于心，心强大，则改造万物的能力强；心弱小，则被外部困境所扰。唯有内心强大，才能掌控万物，有一番大作为。

第二章 诚心
——坚守纯粹心，做一个至诚之人

人要有一颗诚敬心，对自己严格要求，对他人心怀敬意。当至诚成了行动的准则时，不但在做人上能够坦坦荡荡，在做事上也会打开更多方便之门。

第三章 良心

——知行当合一，有良知才知何为善恶

心本无善恶之分，然而怎奈世间诱惑太多，于是，人人逐利丧失了原本的良知。要想拥有豁达心境，就要为善除恶，找回原本的良知。然而只有想法是不够的，关键还要身体力行，只有把想和做合二为一，才能成为一名言行一致的人。

第四章 宽心

——宽厚得大道，身心淡定无烦恼

把心放宽，外界的烦扰就无法打乱内心的安宁。那些患得患失、斤斤计较的人，常会情绪激动、心浮气躁，外界的压力一次次地冲击着他们的底线，搅乱了他们平静的生活，使他们少了气定神闲的坦途。

第五章 静心
——静坐察己过，他人是非与我何干

眼不明心不亮，所以人常常只见他人过失，不见自己缺漏。独自一人时，何不静静坐下来反省自己，好好想想自己的过错和不足。与其谈论他人是非，不如潜心修炼自己的心性。

第六章 动心
——心外皆是空，少动心还要多用心

心即是理，名利、荣誉、苦难，这些心外之物不过是虚空，对于这些虚空之物，又何必动心呢！心动，则外部荆棘丛生，轻则烦恼生，重则身心俱伤，少动心才是人生正道。用心修行，人生自然得清净。

第七章 用心
——格物无动静，有事没事心不可不思

世间万物本无好坏之分，只是因为心有喜恶。修心重在心的磨炼，所以，有事也好没事也罢，勤思考是不会错的，心不能空，一旦空下来，就会被各种迷茫、欲望、嗔念填满。唯有时时思考，才能留住心性本真。

第八章 治心
——内法而外情，方圆之道是处世大智慧

为人处世不能不讲原则，俗话说水至清则无鱼，原则性太强反而会令人敬而远之。但没有原则也不行，最好的处世之道就是外圆内方，

表面上给他人留足情面，内心则依旧坚持原则，唯有这样才能情法两全。

第九章 小心
——君子当慎独，处处谨慎就是“圣算”

面具就是烦恼，那么，何必戴着烦恼人前一套背后一套？独处之时，尤其更要谨言慎行，修心就是修根，唯有根稳定，我们才能时时戒惧，远离放纵和欺骗。无论何时何地，克己之人才会更有“圣算”。

第十章 孝心
——百善孝为先，安家、持家靠孝道

孝亲是人生最大的使命，也蕴含着无尽的幸福。回报父母的养育之恩，其实是生命承载的智慧，而你也在行动中让下一辈见证了安家、持家的基本法则。

第十一章 真心
——事上唯求是，真用功就别做无用功

不管做什么，都要实事求是。所谓“求是”就是追求真理，倘若我们一开始追求的就是名利，路走错了，用功越多错的也就越多。用明镜心看清是非路，不要做无用功，只要方向正确，尽心尽责多用功，自然能够马到成功。

第十二章 善心
——至善而心止，大智大诚做人中龙凤

修心并非没有止境，做到了至善，我们就是大诚大智之人。心至

善，则没有任何执念，也就会放下私心，学会利人。人在俗世，这是不可改变的，但我们却可以用一颗出世之心来做入世之事。

第十三章 革心

——权变即事功，别认死理，要会灵活变通

如果暂时改变不了环境，那么就要去顺应它，千万别钻牛角尖。修心并不是封闭自己，而是要把万物融入心中，只有这样才能在紧急时断臂求生，才能适时变通，从而找到成功的捷径。

第一章

修心

修心则成己，内心强大的人才能大有作为

人生在世若想成就自己，就一定要修心。心好比一面镜子，世间万物皆融于心，心强大，则改造万物的能力强；心弱小，则被外部困境所扰。唯有内心强大，才能掌控万物，有一番大作为。

1. 内心强大靠修行

人生是一场心灵的修行，生命的意义在于内心的旅程。这是一个纷繁复杂的社会，生活的琐事、工作的烦恼、家庭的牵绊让我们伤神，自然而然中我们的内心逐渐脆弱。

每个人的人生都不可能是一帆风顺的，我们的智慧和心理因素决定了我们所走的道路和方向。面对挫折和失败，有些人选择抱怨，怨天尤人，而有些人却在挫折的道路上越挫越勇。正所谓，冰冻三尺非一日之寒。他们选择锻炼自己的意志，磨炼自己的心性，在困境中逐渐强大，在修行中逐渐成熟，王阳明就是这样的人。

儿时的王阳明是窘迫的，5 岁时还不能像邻家小孩一样正常说话，大家的冷言冷语、父母的担忧并没有使他堕落。父亲每每诵读书籍时，他都默记在心，以致后来当他开口说话时，能够将很多诗篇倒背如流。他在学习中磨炼，学习经典和人生哲理，他告诉自己，要在书中修炼自己的内心。也正是孩童时代的奠基，才有了后来的王阳明。

王阳明 12 岁时，当教书先生让弟子们以“我的理想”为题目写一篇作文时，他与其他人完全不一样，他写道：“我想成为一位不朽的圣人，而不是只成为大富大贵的平凡人。”也许，在大家看来，这样的想法太过自傲，但是如果我们知道王阳明之后为这一理想付出的努力，就不会这么认为了。为了实现这一伟大的理想，他一直努力着，正是因为他内心的执着和坚持，才成就了他如此强大的内心。

为了成为理想中的圣人，他走遍千山万水，拜访多位友人，与其讨论成为圣贤的道路和方式。他是偏执的，深入研究朱熹的《四书集注》，多次寻求无果后，又在理学权威著作《近思录》中寻求答案，他看到朱熹说："理存在于万事万物中，你只要认真地去格，你也可以成为圣贤。"于是，他和一位好友来到祖父王天叙种竹子的地方盯着竹子，当朋友熬不住时，他却依然努力地坚持，但他并没有因此成为圣贤，而是病倒了。

这样的努力让王阳明心累，但是他却没有放弃追逐的脚步。的确，他是偏执的，偏执的他没有成功，走了诸多弯路，却造就了他强大的内心。

21 岁的王阳明在浙江考过乡试之后，准备会试。按理说，以他的勤奋和努力，在国考中拔得头筹是一件轻而易举的事情，但没想到，他却落榜了。第二年，22 岁的他满怀信心地又一次参加国考，却再次名落孙山。在王阳明看来，这是命运对他的考验，为此他不能坐以待毙，必须越挫越勇。3 年后，科举考试带给王阳明的竟然是又一次落榜的结局。

也许这是"意外"，同一件事情在王阳明身上发生了很多次，而王阳明却没有因此抱怨命运的不公。有传记记载，王阳明对此无动于衷，好像什么事情也没有发生过，将其当成了人生对他的考验。在他看来，一个多次失败的人并不可怕，可怕的是因此而消沉，因此而失去人生的方向。

试想，生活中的我们又是如何面对失败的呢？我们的人生中总会遇到很多不如意，学习、生活和工作会给我们带来很多烦恼，但是我们却不能因为这些烦恼而失去对生活的信心，要知道，生活是一场心灵的旅行。一个内心足够强大的人不是一出生就学会了强大自己的内心，而是在人生的旅途中不断地磨炼自己，不断地提醒自己，告知自己人生的奥秘。这就是我们所说的修行的意义。

现代人的生活繁纷复杂，我们的心灵之泉日趋干涸，内心的花朵逐渐枯萎。自信乐观、宽容大度、自尊自强等积极的心理素质离我们越来越远；消极怠慢、自私自利、自暴自弃逐渐填满我们的内心。人们的内心因此而变得软弱，迷失了方向，疲惫不堪，生活也逐渐失去了意义。

此时的我们应该静下心来思考，人生的道路还很长，你的磨炼还不够，思想还不够深刻，请你记住，人活着就应该不断加强修养。只要坚持，只要前进，认准一个目标，你的内心就会足够强大，你也会成为最棒的自己！

——《传习录》心学人生——

真正的强者在于内心强大，王阳明就是一个内心强大的人，他处之泰然，宠辱不惊，无所畏惧。我们应该明白的是，无论你走多少弯路，无论你有多么彷徨，这都是人生对你的考验，一定要学会在修行中强大自己的内心，守住内心的坚定。

2. 有心念不浮躁

这是一个急功近利的时代，这是一个充满浮躁气息的时代。如果你是一个即将毕业的大学生，你的舍友已经拿到了 Offer，而你却在苦心等待公司招聘的复试通知，你是否无法安心准备复试？如果你是一名正在打拼的打工族，你的同事因表现优异，被猎头公司挖到其他公司，升职加薪，你是否会没有心情继续待在本公司？其实，你只是没有倾听自己内心的声音，你只是太过浮躁，忘记了自己所追寻的方向。

家学渊源的王阳明从小便立志成为圣贤之人，无论是初入官场的他，还是被贬的他，都坚持追寻自己的方向和目标，终成一代大师。也许我们最初都有自己的理想和目标，但是诱惑太多，干扰太多，我们开始变得浮躁，开始忘记了自己最初的目标和理想。

人的一生是短暂的，人生是需要我们奋斗和努力追求的。生活应该是丰富多彩的，应该是不断求索的。前进的道路上有汗水也有泪水，但是一定要学会在成功中获得快乐。时间会让你变得成熟，会让你变得更加自信。所以，你必须学会调整自己的心态，改变自己浮躁的状况，只有这样，在争取成功的道路上，你才能定下心来，实现自己人生的目标。

王阳明在培养自己的心性时，有一个非常好的习惯，即静坐。只要有时间，他都会静下心来，闭目养神，安定自己的内心。在他看来，静下心来，才能明白自己所追求的是什么。

王阳明曾说，初学时，心猿意马，拴缚不定，心情浮躁，故应静下心来，安心思考，安定心情，明确自己的追求。当然，我们无法明白王阳明所说的静坐的好处，但是我们可以身体力行来了解其目的和含义。他的目的是告诉我们，无论你做什么事情都会有浮躁的时候，你会面临各种各样的诱惑，但是此时的你不应该随波逐流，而是应该静下心来，问问自己的内心，问问自己的追求。你无须在乎他人的看法，也无须在乎他人的成就，你只要做好你自己就可以了。

有心念则不浮躁。也许快节奏的生活让你疲惫，也许诸多的诱惑让你无所适从，这样的你是否应该尝试去倾听自己内心的声音。这是一个不需要急躁的时代，对你而言你自己的成就最重要，所以，你需要停下脚步，问问自己到底追寻的是什么，问问自己的人生追求是什么，你只有在真正明白了自己所想之后，才能不受外界干扰追寻自己的人生。

有心念则不浮躁。也许你还在抱怨命运的不公，抱怨时间不够，抱怨为什么自己得不到 Offer，抱怨为什么自己不能升职加薪，记住，抱怨是无济于事的，浮躁也是无济于事的。当你浮躁的时候，不妨去学学王阳明，静下心来，寻找问题的根源，为自己树立一个目标。接下来，你需要将目标细化，给自己制订一个详细的计划，一步一步脚踏实地去完成。只有这样，你才能慢慢剔除内心的浮躁因素，成为自己人生的主宰。

有心念则不浮躁。你可能认为理想太丰满，现实很骨感，所以你浮躁；你可能认为成功的道路太过艰辛，你无法脚踏实地地走下去。事实上，这些所谓的阻碍都是你不愿意去做，不想去做的借口。所以，现在的你，需要重新审视自己，审视自己的优势和弱势，改变自己，从心境开始。有了目标，对自己有了合理的评判，你才能慢慢沉下心来，实现自己人生的追求。

成功是没有捷径可走的。他人光鲜亮丽的背后也有着不为人知的故事，与其浮躁、羡慕他人，不如看看自己的问题在哪里。其实，每个人都能获得属于自己的成功，都能拥有鲜花和掌声，不是吗？

王阳明成为大师的道路也是一步一个脚印，扎扎实实走过来的。任何人的成功都是如此。他们在成为伟人的道路上不断超越自己，不断磨炼心性，才拥有了与众不同的人生。我们不是伟人，但我们可以向他们学习，学习他们不浮躁的气质和气度，改变自己，拥有亮丽的人生风景。

——《传习录》心学人生——

现在的你还在浮躁吗？还在不知所措吗？从现在开始，停下自己的脚步，重新审视自己，问问自己的追求和目标，成为自己心目中的伟人。王阳明告诉我们，有信念则不浮躁，你做到了吗？

3. 心狭隘则祸患成

紫罗兰把香气留在了把它踩扁的人的脚上，这就是宽容。一个心胸宽容的人，是内心充满阳光的，是充满正能量的。漫漫长路，我们会遇到诸多荆棘和障碍，心胸宽容的人能够放开胸怀，适应环境，让自己的心灵保持宁静。无论遭遇多大的狂风暴雨，无论遇到多大的坎坷，他们都能够敞开心胸，适应环境，以至磨炼出了坚韧不拔的意志。

相反，一个心胸狭隘的人，总是为小事斤斤计较，闷闷不乐，内心充满阴暗。这样的人，不仅得不到他人的尊重，也注定会一事无成。王阳明说："如今于凡忿懥等件，只是个物来顺应，不要着一分心思，便心体廓然大公，得其本体之正了。"这句话意思是说，如今对于愤怒等情绪，只应顺其自然，千万不要过分在意，只有这样才会心宽体胖，实现自身的价值。

王阳明告诉我们，一个心胸狭隘的人，只会永远将自己局限在狭小的空间里，郁郁寡欢，不能真正享受人生的快乐。而一个心胸宽广的人，永远保留着"海纳百川，有容乃大"的心态，他们的眼界永远比心胸狭隘的人广阔，他们自信乐观，永远保持阳光心态，宽容自己的时候也宽容他人。

王阳明不仅仅是这样说的，也是这样做的。他一生功绩显赫，对朝廷做出了重大贡献和牺牲。为了维护朝廷的和平，他拯救百姓于水火之中，劳苦功高却从未有过怨言。也许，你认为这么高的功劳应该得到皇帝的重用和赏识，拥有高官厚禄，但历史对他是不公平的。才华横溢的王阳明，一个充满爱国之心的人，却遭受了多重打击和排挤，而他却选择宽容地对待他人。

他出谋划策，掌握大局，平定历史上的"宁王之乱"，本以为功成名就，却被埋没功与名。大臣排挤，功与名落在了指挥得当的皇帝身上，落在了一群无所事事、在平定过程中扮演"打酱油"角色的小人物身上。此时的王阳明心力交瘁，成就近在眼前却被他人抢走，但是为了国家的稳固，他毅然决然地选择了宽恕，宽恕了这一场闹剧。他告诉自己，我于大明之前只是一个小人物，如果我连自己的国家都不能宽恕，那我又如何成为大明的有功之臣。

正是因为这样的宽容，使得王阳明没有放弃救国救民，他告诉自己，他人诋毁我那是他人的过错，清者自清，浊者自浊，如果我连这点度量都没有，又怎么能担当得起解救国民、稳定社稷的重任。正是这样的大度和宽容让王阳明一直走在解救百姓、稳定大明江山的道路上。即使前路铺满荆棘，宽容的他却始终充满信心，让自己的人生成为一道亮丽的风景线。

历史上，一些有丰功伟绩的人，有能力、有才华，却不免因为心胸狭隘失去了诸多东西。曹操就是这样的人，他成就了一番大事业，却因为心胸狭隘，而葬送了一些杰出的人才，其中，最有名的就是杨修。

杨修是一个才华非凡的人，他能洞察世事，曾经帮助曹操解决了很多问题，可谓没有功劳，也有苦劳，但却屡屡遭到曹操的嫉妒。生性多疑的曹操，见杨修凭借聪明才智帮助曹植争夺王位继承人，极为不满，最后残忍地将杨修杀害。也许曹操是开心的，世上终于少了一个比他有才华的人，但是他却不知道，杨修这样的人千千万万，如果能够坦诚相见、宽容待人，真正将人才收为已用，岂不是更好的选择。

莎士比亚的名作《威尼斯商人》里有这样一句话："宽容就像天上的细雨滋润着大地。它赐福于宽容的人，也赐福于被宽容的人。"内心狭隘的人路会越走越窄，不但不会得到你想要的东西，反而会失去更多。

——《传习录》心学人生——

我们的人生应该是充满阳光的，一个内心狭隘的人就好比一个永远打不开心灵之窗的人，他们的人生是昏暗的。这样的人是可怜的，更是可悲的。从今天起，学会宽容，千万不要因为内心的狭隘给自己带来祸患，断送了自己的人生和幸福！

4.“思一二，不思八九”

古人云：人生不如意十之八九。我们的人生是不可预测的，不可能所有事情都一帆风顺，其中不如意的事情占了大多数。人生本就是一场磨难，有了磨难才更加精彩，有了不如意才能体验人生的酸甜苦辣。倘若不如意的事情占据我们人生的百分之八九十，那么至少还有百分之一二十是令我们感到欣羡的。面对这样的现实，我们应该选择快乐的人生，要多想好事情，这样才能更加珍惜现在，憧憬未来，而不致被那些不如意的事情打倒。

过去的我们不能改变，未来的也无法预知。人们贪恋过去是常有的事情，一生中坎坷荆棘也在所难免。如果我们一直生活在不如意的事情中没法走出来，那是人生的一种悲哀。人的心田应该是快乐的净土，多想如意的事情，少想那些不开心的事情，那么我们的人生中就会多出许多美妙、温馨的时刻。

王阳明的一生是坎坷曲折的，更像是一个传奇。但所幸，他能够告知自己“常思一二，不思八九”，也正是因为如此，才使得他能够走向人生的辉煌，才使他成为人人敬仰的心学大师。任兵部主事的他，本以为可以度过一段安心的时光，却没想到又一次成为制度的俘虏。

宦官当道的明王朝是可悲的，当时的明皇帝昏庸无能，而这正好为宦官把持朝政创造了机会。以刘瑾为首的一大批宦官，利用职权为非作歹，搜刮民脂民膏，横行霸道，老百姓怨声载道。眼看着如此堕落、岌岌可危的明朝，怎能不让爱国之心极其强烈的王阳明感到愤恨。朝廷之上，王阳明不顾自己的身家性命，公然反对刘瑾，细数其几大罪状。而昏庸的皇帝却听信刘瑾的教唆，将王阳明先廷杖四十，而后又将其入狱，让其在狱中度过了一段时间。万恶的刘瑾并未就此收手，索性教唆皇帝将王阳明发配到荒凉的贵州龙场。

当时的贵州还是蛮荒之地，遍野荒芜，而且经常有毒蛇走兽出没。王阳明到那里时连一间像样的房子都没有，只能自己搭建茅草屋或者干脆住在山洞里。也许，在旁人看来，他一定是崩溃的，也许他的余生会在穷困潦倒中度过，但是王阳明却用自己的心境告诉我们生活的意义和价值。

既然已经发生这么不如意的事情，为什么还要花费大把的时间去想那么多不开心的事情呢？既然上天对我是不公平的，我为什么不能多花点时间去做有意义的事情呢？他是乐观的，他想既然已经不能做官，那何不忘掉这些不开心的往事，开始一段新的生活，实现自己人生的远大理想和追求呢？

在这样的心境下，王阳明不屈不挠，利用这段时间潜心研究学问，后来还创办了书院，教出了一批有志气的学生。也正是这段时间的磨炼，奠定了王阳明以后的辉煌，人称"龙场悟道"。

人的一生是不可预知的，我们无法预知人生的惊喜，也无法预知人生的苦难。没有苦难的人生是不完整的，面临不如意的事情，当我们感到彷徨的时候，不妨静下心来，想一想王阳明的"常思一二，不思八九"。这样的人生态度是值得我们每个人学习和思考的。试想，如果我们能够笑看人生的不如意，学会适应，百折不挠地去奋斗，去打拼，那这些看似不如意的事情是不是没什么大不了的。

——《传习录》心学人生——

王阳明是坚强乐观的，他用自己的心境书写了一个与众不同的人生。人生本身就是未知数，人生不如意更是十之八九。既然无力改变，何不安之若素，用平和的心态去对待自己人生中每一件不如意的事情，过真正有意义的人生。

5. 清净之心不动气

每个人的心田中都有一片净土，有一片属于自己的天空。在这别样的空间里，我们会诉说自己心中所想，保持内心的清净。而正是这样的清净之心，让我们放下所有的顾虑，放下手机，关掉社交软件，安静地享受生活带给我们的那份宁静。

学习中难记的单词，难解的三角函数，难懂的方程式，升学的压力；生活中的各种琐事；工作中面对的难题……这些都会成为我们清净之心的阻碍。面对这些，我们应该做的是为自己寻求一方净土，不动怒，不动气，以清净之心化解所有的困难和隔阂。

王阳明在创建心学后，开始广纳人才，立志要把自己的学说发扬光大。当时被贬在贵州的他，认真地给当地的民众讲课，传道授业，听课的人可谓万人空巷。他告诉自己的学生，无论你做什么事情，都要保留自己心中的那份净土，不动怒。这样，既能彰显你是一个有素养的人，也能够让他人对你望而却步。更重要的是，长久坚持下去会让你的心情不受外界的打扰，保持清净之心。

他是这样说的，也是这样做的。在他看来，不动心的最高境界在于，当你遇到问题时，用自己内心的力量和智慧来解决，而在外人看来，你却丝毫未动怒，让他人对你无可奈何，且找不到相应反驳的理由和借口，类似于"乾坤大挪移"。

王阳明在传授自己的心学时，引起了轰动，当然这又给他带来不少麻烦。当时的太守非常嫉妒他的成就，但碍于自己太守的身份，就指派几个地痞流氓来滋事。当时，王阳明正在讲课，突然听到外面有人喧哗，就出去看发生了什么事情。王阳明很有礼貌地询问对方的身份，当得知这些人是太守派来的时，他表现出了不卑不亢的态度和气质。

这些人对王阳明的态度甚是震惊，原本只是打算吓唬吓唬他的，没想到他是这样的态度，这些人非常生气。他们指责王阳明：你已来此地多时，每天在这里说些乱七八糟的东西，却没有见你去拜访此地的主人。王阳明见状，正准备用心学的力量去说服这些人，没想到却被其学生抢先，他们认为这分明是不尊重老师，就把这些人一顿乱打，最后这些人狼狈地离开了。

太守见状，非常生气，准备上告朝廷，要给王阳明点颜色看看。没想到王阳明的一封信深深地打动了太守，太守无言以对。

王阳明的信里有三点。第一，地痞流氓来闹事当然不是太守您的意思，他们来闹事挨打当然和您无关，所以我和您没有冲突；第二，赔礼磕头虽然在我朝是家常便饭，但应该遵守规矩。我和您没有冲突，更不应该不遵守规矩向您磕头；第三，我经历过很多不如意的事情，如果不是命大，我早就饿死在这里了。如果您真的有意要加害于我，那我只能当您为洪水猛兽。既然是洪水猛兽，那又何足为怪？所以，我不动心，您也不应动心，人还是应该保持一颗清净之心，心不动气，则不会痛楚。

王阳明用自己清净之心不动气的道理，来说服太守。太守见信之后，深为折服。我们无法了解王阳明当时的心理状态，也不知道他到达蛮荒之地是怎么度过每一天的，但是，他为人处世的态度值得我们每个人学习。既然事情是他人的错，与你无太大关联，那又何必用他人的错误来惩罚自己呢？

人应该保持一颗清净之心，不动怒，不生气，为自己创造一片蔚蓝的天空。这个世界需要更多的净土，保持清净心，快乐地生活。这既是我们日常学习、生活和工作中应该做的，也是我们人生应该追求的理想和目标。人生应该是充满快乐的，何必生那么多气呢？

——《传习录》心学人生——

保持清净之心不动气，不仅可以使我们保持乐观的心态，更能使我们保持心中的那片净土，在这个纷繁复杂的时代做最真实的自己！这才是王阳明想传达给我们的道理。

6. 多修成己心

人需有为己之心，这是王阳明坚信的道理。他所谓的为己，当然不是指为自己的私心，不是自私自利，而是为了自己而活。王阳明所谓为己之心，实质上是指一种道德上的至高境界。王阳明认为，每个人都要有为己之心，都要有在道德上达到至高境界的心。人的一生是短暂的，每个人都会为自己的追求而努力奋斗，但是所谓努力奋斗的最终目标并不是为了身心的享受，因为追求抱负与努力实现目标本身就是一个人应该有的态度。

我们在努力奋斗，实现抱负的过程中，必然要追求道德上的至高境界。努力追求成功本无可厚非，但成功的道路上个人修养的提高也是成功的一个重要条件。并且，个人修养是我们人生美好的最重要基础。这样的你，不仅仅能够得到内心的满足，而且会赢得他人的尊重。

关于为己之心，王阳明与其弟子萧惠曾有过一段对话。

萧惠问："我很难去除我自己的私欲，怎么办？"

王阳明说："不可能，把你的私欲拿过来，我帮你去除。一个人必须有为己之心，达到一种至高的境界，才能去除自己的私欲，成就最好的自己。"

萧惠回答道："弟子也有为己之心，但是不知道为什么还是不能去除自己的私欲。"王阳明说："那你告诉我你的为己之心是什么？"萧惠思忖再三后，回答道："我一心想成为好人，就觉得自己很有为己之心，现在想想也只是为了光鲜华丽的躯壳，而不是真正的为己之心，并不是为了真正的自己。"

王阳明说："真正的为己之心什么时候离开过自己的躯壳，如果你这样说，那么很可能你连自己的躯壳也不是。固然美色令人目盲，美声令人耳聋，美味令人口爽，驰骋田猎令人发狂。而这些都是由你的内心所操控的。你心的看由眼睛主宰，你心的听由耳朵主宰，你心的说由口主宰，你心的动由四肢主宰。而这些，都归根于自己的内心。这些本无过错，如果这些都脱离了你的躯壳，那么还要心做什么。所以，你还是能去掉自己的私欲的。"

王阳明和弟子的对话中，批判了只是为了躯壳本身的观点，指出所有的这些都是为了自己的内心。人的内心通过躯壳反映出来，这才是真正的自己。所谓的为己之心，就是为了真正的自己，为了使自己的内心和精神达到一种至高无上的境界。

也许，在你看来，从呱呱坠地到咿呀学语，到蹒跚学步，到上学、结婚、工作，你的每一步，你人生的每一个十字路口，你人生的每一份打拼，都是为了所谓的物质财富，为了以后过上更好的生活。但你却恰恰忽略了在这样的打拼过程中，你所看到的物质世界，你所接触的精神世界带给你内心的震撼和感动。你也许在想，我没那么高尚，但却在无形中发现原本自己没有追求的东西也属于了你。所以，我们人生所谓的追求，所谓的目标，不单单是为了物质财富，更应该为了精神上的享受。

你无须担心自己没有获得自己想要的东西，你也无须顾忌人生遇到的坎坷和困难，你更没有必要患得患失，因为心灵的境界会在你积淀的东西达到一定的量时发生质变。这样的质变对你而言必定是个意外的惊喜，因为你所有的努力和付出，都是为了以后看到一个更好的自己，一个精神和物质上都极其富有的自己。

毋庸置疑，这样的人生需要挑战，需要我们用心去接受。我们有时会畏惧远方，畏惧未来带给我们的困难和挑战，但我们也应该知道，风雨之后的彩虹是人生最美的风景，这样的风景他人或许也能看到，但却无法体会其意境，因为这是我们自己走过的路，其中滋味只有自己知道，他人无从知晓。

做真正的自己需要时间，更需要努力。多修为己心，所有的努力都是为了以后的自己，都是为了成就真正的自己。

——《传习录》心学人生——

多修成己心。王阳明告诉我们，为己并不是自私自利，而是在实现自己人生理想和抱负的时候，精神达到的一种至高无上的境界。这样的你才是真正的自己。

7. 内心强则作为生

我们生活在一个快节奏的时代，我们生活在一个充满压力的时代，每个人的人生都充满了挑战。与此同时，每个人都是一只潜力股，每个人内心都蕴藏着巨大的精神力量和无限的潜能。你并不知道自己内心蕴藏的力量有多大，人都是在挫折中成长，在挫折中激发自己的潜力和力量。也许有一天，连你自己都会惊叹自己拥有的能力和力量，而这个过程需要我们不断地去探索和打拼。

王阳明的一生是坎坷的，但生性乐观的他却拥有了与众不同的人生。他生活得潇洒、自由自在。生不逢时的他受到外界的嘲弄，顺利考取功名却坎坷不断，朝纲不稳更是让他遭遇到人生最大的挫折。但是，无论遇到什么样的状况，在他看来，都是命运对他的考验。他选择了安然处之，执掌命运的舵轮，驾驭自己的人生，并成就了一套哲学理念，得到世人的敬仰。他的内心是强大的，不为外物所动，不扰乱自己的人生轨迹，活出了自己人生的精彩。

而他之所以坚韧不拔，百折不挠，正是因为他强大的内心。他内心的力量是伟大的，并在磨炼中愈加强大。凤凰涅槃的人生是值得惊叹的，每个人都只有在经历过困难和挫折后，才能扛得起重担，将压力转化为动力。这样的内心需要经受时间的考验，这样强大的内心需要我们在人生的旅途中不断去奔跑，就算再苦再累也要给自己一个微笑，告诉自己一定可以。而当你到达终点时，你会发现，原来所谓的困难，都只是你人生必经的一个阶段，都只是一个考验而已。

史蒂芬·威廉·霍金就是一个内心非常强大的人。21岁那年，他被诊断患有肌肉萎缩性侧索硬化症，即运动神经细胞病。这对一直努力学习的他来说是不幸的，但是他却用强大的内心实现了自己的理想，完成了常人难以完成的任务，书写了一幅精彩的人生画卷。

当时，医生诊断他只能活两年，可他却坚强地战胜死神，活了下来。他不能写字，就依靠一种翻书的机器，读文献时，他只能把书逐页排开，驱动轮椅艰难地读。而正是在这样艰苦的条件下，他写下了世界名著《时间简史》。后来，他全身瘫痪，并失去了说话能力。然而，命运的不公并没有打败他，他越发努力，与命运抗争，他研究宇宙论和黑洞，证明了广义相对论的奇性定理和黑洞原理。他在物理学等领域成就惊人，他是继牛顿和爱因斯坦之后最有成就的物理学家之一，被世人誉为“宇宙之王”。

霍金遭受的挫折和困难是常人难以想象的，但他却始终没有放弃，一直奔跑在人生的道路上。命运对他是不公的，但却造就了他强大的内心。正是强大的内心力量，使得他奋发图强，百折不挠，成为众人敬仰和学习的楷模。

每个人内心都有一条源源不断的河流，都蕴藏着巨大的能量，关键在于我们如何去挖掘。你根本无法想象心灵所孕育的力量能带给我们怎样的惊喜。人生难免遇到挫折，难免遇到困难，无论多大的挫折和打击，我们都要学会勇敢地去面对，勇敢地挑战自己，只要你勇敢地站起来，那么你就是成功的，你就是一个内心强大的人。

内心强则作为生。没有人生来就是内心强大的，一个人只有在经历过荆棘，经历过坎坷和困难之后才能学会勇敢地面对自己，面对自己的人生，才能学会坚强乐观地度过每一天，才能用自己手中的画笔绘出一幅美丽的生命画卷。

内心强则作为生。没有唾手可得的财富和成功，这些都需要我们去努力践行，努力争取。一个内心强大的人，能够从容面对各种挑战，敢于挑战自己和人生，敢于创造属于自己的人生辉煌！

内心强则作为生。无论你是学生还是打工族，从今天起，强大自己的内心，做一个内心强大的人，为自己打拼，为未来奋斗！

——《传习录》心学人生——

内心强大的王阳明纵然经历过很多坎坷，却最终实现了人生的辉煌。迷茫的你还在等什么呢，从今天起，开始强大自己的内心吧！

第二章

诚心

坚守纯粹心，做一个至诚之人

人要有一颗诚敬心，对自己严格要求，对他人心怀敬意。当至诚成了行动的准则时，不但在做人上能够坦坦荡荡，在做事上也会打开更多方便之门。

1. 君子养心莫善于诚

荀子曰："君子养心莫善于诚。致诚则无它事矣，唯仁之为守，唯义之为行。"这句话意思是说，君子保养真心，拥有好的性情没有比真诚更好的了，做好了真诚则其他的事情都不在话下。只要守住仁德，奉行道义即可。荀子通过这句话告诉人们，每个人都想成为君子，但并不是每个人都能做到的。想成为君子，就必须提高和陶冶自己的道德情操，而最好的办法就是诚心实意地对待自己身边的人和事，做一个道德高尚的人，这样，才是君子之行。

"心即理也，天下有心外之事，心外真理乎？"王阳明告诉我们，理是心的体现，一个人外在的表现是自己内心的真实写照，要想成为真正的君子，就必须做到诚心诚意。一个人有了诚心，才能学会真诚待人待物，才能在人生的道路上结交至诚至信的朋友，才能达到常人无法超越的境界，这样的人生才更加会得到他人的尊重。

王阳明是这样说的，也是这样做的。他在创立心学的道路上，潜心钻研，刻苦研读。一方面，他研习古人的经典，可谓废寝忘食，所看之处如有疑惑便反复查阅；另一方面，他走访了佛教、道教的寺院，虚心向寺庙高僧请教，诚心待人，绝不妄自菲薄。其诚心终于感动了诸人，他们真诚回馈王阳明，详细讲说其学派的真谛。后来，王阳明在汲取多种学派的营养之后创建自己风格的学派，可谓是独树一帜，大放异彩。

他是诚心的，身为高官，说真话，做实事，替百姓直言，反对任何欺诈、虚伪的现象。纵然是被困牢狱之中，纵然是被贬蛮荒之地，却始终敢于讲真话，做实事。他知道自己的力量是绵薄的，但是却认为自己的诚心哪怕能为拯救大明子弟出一点点力，也是值得的。

被贬贵州，他无怨，他相信终有一天自己能够再次为国家建言献策。不屈不挠的他，苦心研究兵法。多年之后，带兵杀敌，终成一代楷模。他对待自己手下的将领更是诚心至善，不断地鼓舞自己的士兵。寒冬腊月，经常跟士兵同吃同住，其真诚感动了所有人。正因为如此，其手下的将领才对其效忠至极，赢得了多次战争。

他是君子，用自己的真诚感动身边的人。他不与小人计较，不去诋毁他人，他憎恨小人夺取自己的功劳，却始终相信总有一天会有人看见自己的努力。他是明智的，正是因为他的真诚，才得以载入史册，受到后人的尊重。

何谓“诚”？“诚”是儒家为人之道的中心思想。立身处世，必须以诚为本。“诚”是一种真实的表现，要求我们说真话，做真事，反对欺诈虚伪。它既是中华民族5000年历史文明中不可或缺的一部分，更是我们现代人应该奉行的人生准则。

“君子坦荡荡，小人常戚戚”。在我们的身边也有一些遵守“诚”的人，他们只是普通人，却活出了自己人生的价值和生命的意义，感动中国，感动世界。

古人云：君子以诚为贵。在当今社会，“诚”应该作为一种大家都遵守的规则，应该是各行各业都自觉践行的道德准则。不能否认，真诚的力量是伟大的。一个没有真诚、充满欺诈的世界是荒诞可怕的，更是一个国家、一个民族的悲哀。人类没有了真诚，生活也就失去了意义。所以，从现在开始，你需要做的就是铭记真诚的含义，做一个真诚的人，在真诚中聆听世界的声音。

拥有真诚，就好比一艘轮船有了前进的力量，生命的年轮也有了转动的意义和价值；拥有真诚，就好比两个不相识的人拥有了心灵的共鸣。所以，从现在开始，做一个真诚的人，让我们在真诚中感受美好，享受当下，憧憬未来。

——《传习录》心学人生——

一个真诚的人，就好比拥有了一把开启万能锁的钥匙，就好比拥有了待人处世的良方。这样的品性是值得每个人推崇的，也是值得一个国家乃至一个民族奉行的。君子养心莫善于诚，这不仅仅是想成为君子的人必须奉行的道德标准，更应该是每个人生活的一部分。

2. 保持本色，显露真情的一面

身为大明子民，王阳明始终选择为百姓谋福利，心系百姓。为官不为高官厚禄，不与奸臣为伍。他仗义执言，就算入狱也在所不惜。他痛恨搜刮民脂民膏，带兵打仗更是关心军情。他用自己的一生彰显了其为人本色，显露出其最真情的一面。

正德五年，奸党被铲除，王阳明升任庐陵知县。王阳明是兴奋的，多年的等待终于有了结果。从贵州龙场到江西庐陵，他带着满腔热血和抱负归来。说来，王阳明与江西也有着不解的情缘，17 岁时，他到南昌与诸养和之女诸氏成婚，在江西南昌住过一年的时间。此次回到江西，觉得亲切无比，他希望用自己的力量来帮助当地百姓。

初到庐陵的他既兴奋又头疼，他接手的是一个无从下手的烂摊子。他一上任就遇到了诸多麻烦事，而头等麻烦事当属赋税。庐陵之所以赋税沉重，一方面是因为朝廷的赋税制度，另一方面是因为朝廷所派的官员与地方势力相勾结，从中谋取私利，百姓怨声载道。庐陵的老百姓听到王阳明要出任知县，不约而同地找王阳明请愿，请求减轻赋税，改善老百姓的生活，救民于水火之中。王阳明深受触动，随即向朝廷报告，请求减轻赋税，几经曲折终于有了结果。自此之后，庐陵的老百姓视其为衣食父母，都十分尊敬他。

在百姓中树立威信之后，他踏上了为百姓办实事的道路。他发现县城居民的房屋以木板房为主，木板房对于居民来说是比较方便的。但是，城内商铺密集，居民密集度也较高，一旦发生火灾，后果将不堪设想。为此，王阳明派遣手下的人对县城内的道路体系进行深入调查之后，采取拓宽街道的措施，这样就降低了密集度。此外，他还要求在店铺间建立砖墙，这样，就能够最大限度减少火灾带来的损失。

起初，很多老百姓不理解这样的做法，觉得这是在劳民伤财。为了得到大家的理解，他专门派遣人员做动员工作。百姓听了解释之后，纷纷举双手赞成。后来，拓宽道路之后，大家觉得方便了很多，城内的火灾明显减少，居民的生活也得到了保障，百姓对其更加爱戴和尊重。

王阳明本想在庐陵大显身手，实现自己的抱负，但他不久便被调到了南京刑部。他离开庐陵的时候，百姓们依依不舍，都称赞这位心系百姓、流露真情的大明好官员。虽然王阳明在庐陵任职时间不长，却赢得了好口碑，后人建成阳明路纪念他的丰功伟绩。

他心系百姓，造福民生，始终保持自己的本色，向百姓流露自己的真情。他是值得世人学习和敬仰的。王阳明无论身居何位，都能够保持自己的本色，彰显自己的真情。

生活中的我们不更应该这样吗？我们生活在一个竞争激烈的时代，一个充满着比拼的时代。为了所谓的竞争，有时候我们不择手段，忘记了自己的身份，也忘记了自己内心最本初的性情。这样的人生是值得我们大家反思的。

你有权利表露自己的真心做，一个真实的、放下任何戒备的、没有任何修饰的、最纯真的你。

王阳明是真实的，无论在何位置，无论遭遇了什么，都能够保持自己最本真的一颗心。他的人生是简单的，他心中想的就是为百姓谋福利，为百姓谋福祉，他做到了。在百姓面前，他没有伪装，他用自己的真情打动了百姓，打动了大明。

你是否也应该反思自己的人生，反思自己的本心，看看自己在成长过程中，是否失去了什么，是否还保留着自己的本色？一个保留本色和真性情的你，不做作，不掩饰，是最朴实的，是最真诚的。

——《传习录》心学人生——

卸下脸庞的浓妆，褪去华丽的外表，回归最本真的自己。如果你离本真的道路已远，请停下脚步，倾听自己内心的声音。如果你发现原来的那个真实的自己不见了，请停下脚步，告诉自己，我要做最真实的自己。

保持本色，显露真性情的一面！你的人生你主宰！

3. 朴实的人生态度很重要

王阳明的《传习录》中有这样一句话：“认得良知，头脑是当，去朴实用功，自会透彻。”意思是说，如果能掌握良知的主宰处，并切实地用功，自然会体悟透彻。他告诉我们，做人要淳朴实诚，脚踏实地，质朴实在的人生态度是非常重要的，无论在遥远的古代，还是在科技日益发达的今天，都应该成为我们每个人所恪守的人生准则。拥有朴实的人生态度，并不代表你不奋进，也并不代表你与当下脱轨，而是让你保持本真，保留心田的净土。

朴实的人生态度是王阳明毕生实践的人生态度。出身名门的他家教极为严格，父亲王华对他非常严厉。他父亲认为，父辈的成就是父辈的，与你无关，而你要想成为有成就的人就必须脚踏实地、一步一步地实现自己的人生理想和抱负。父亲的态度深深地影响了王阳明。

王阳明的童年是在父亲的督促中度过的。每天天不亮他就起床学习。对于他而言，每天的学习任务是很重的。他不仅要学习文化知识，还要习武修身，强壮身体。小时候他特别喜欢下棋，有时因为下棋而耽误了正常功课的学习，父亲对此甚是担忧，害怕他耽误前程。

有一天，王阳明又因为下棋耽误了学习，这使得父亲忍无可忍，将他的象棋扔进了河里。王阳明对父亲的举动甚是诧异，觉得父亲不理解自己。后来，父亲告诉王阳明，之所以那样做是告诉他，小时候是学习的最佳时期，兴趣可以有，但如果每天沉迷其中，是不可能实现自己的抱负的。王阳明这才理解了父亲的良苦用心，而后他告诉自己，成功并非一蹴而就，必须脚踏实地去一步步走。

王阳明读书时，脑子里只有一个想法，即一定要把书本的内容吃透，如果走马观花，那还不如不读。在阅读儒家经典著作时，他弄清楚其精髓所在，从中悟出安邦定国的道理和准则；在阅读军事著作时，他参透有效的制敌策略和方针，以拯救大明子民，扭转每况愈下的大明王朝的局面。正是他的朴实，奠定了他以后的辉煌之路。

遭受屈辱，被囚禁时，他毅然以朴实的人生态度来面对。他告诉自己，现在忍受身体和精神上的折磨将来必定有用。阴暗潮湿的狱中生涯是可怜的，馊馒头、冷菜汤令人难以下咽，但这些对于王阳明来说已然不重要，他心想既然已经入狱，那不如朴实些，等日后出狱，必然能匡扶正义，挽救国家。不管饭菜的质量如何，我必须活下去，如果我现在活不下去了，何谈未来？正是朴实，造就了一个不屈不挠的王阳明。后来，王阳明东山再起，救大明王朝于危难之中，成为有功之臣。

王阳明的一生是曲折的，但是他学会了朴实，学会了脚踏实地。他的努力大明王朝得以见证，历史得以明鉴。其实，拥有朴实的人生态度，并不代表举步不前，而是选择一条更稳妥的道路一步一步地走下去。这并不代表我们对未来不抱希望，只是我们选择了坚定自我，选择了诚实，选择了脚踏实地地走下去。这样的人生态度不是更好吗？我们不需要靠坑蒙拐骗去完成人生理想和抱负，我们只需要对待自己真诚，对待自己的人生道路真诚，终有一天所有的努力都会收到你想要的回报。阳光下的你会收获自己想要的幸福和成功，这样的人生才更加有意义和价值。

——《传习录》心学人生——

拥有朴实的人生态度，与过去那个不务实的你说再见，端正自己的人生态度，做一个脚踏实地的年轻人。做一个朴实的人，不代表我们选择安逸，而是在通往成功的道路上让所有的努力和汗水都变得更有价值。

你准备好了吗？从今天起，改变自己的人生态度，拥有朴实的人生！加油，你的未来你做主！

4. 不欺不诈，信守承诺

龙场悟道，王阳明悟出了良知，悟出了人生的真谛，恪守了承诺，成为一代大师。他是善良的，他憎恨欺行霸市的官宦子弟，他研习古人经典，最终明白了良知的真正意义。在王阳明看来，一个信守承诺的人必然是一个品行合一的人，一个努力践行良知的人，也必然是一个值得交往的人。无论是高高在上的大明皇帝，还是市井之人，都应该信守承诺，因为承诺是开启交往大门的金钥匙。

王阳明涉猎书籍无数，从圣人的经典中明白了承诺的真谛。孟子曰："诚者，天之道也；思诚者，人之道也。"诚，是指真实无妄，天，指自然，天之道就是自然之道，或者自然的规律。天地万物的一切，都是真真实实的存在，没有虚假。真实是天地万物生存的基础，虚假就没有了一切。人的一生，应该信守承诺，不欺不诈，这是每个人做人的道理或法则。

传统文化的精髓触动了王阳明，这种人道与天道一致，人道本于天道的哲理让其感动。明王朝的衰落，宦官的把持朝政，让他愤恨，他敢讲真话，对国家极其忠诚，全心全意，就算受酷刑也始终不忘初心，用自己的力量来改变明朝的局势。也许他知道一个人的力量是微薄的，但是他觉得自己这样做对得起自己，对得起自己的良心，对得起自己是大明子民的这个身份。

不欺不诈，信守承诺。这种强大的号召力与感染力是非常有说服力的。诚信是一个人的招牌，是立足社会的根本。你的品质就是你的品牌，言行一致，没诚信的人，最终只能被社会所淘汰。

曾有位齐国宰相，一言九鼎，秉公执法。身在高位，无论对自己的同僚，还是对老百姓都能够遵守承诺，他的信守承诺得到世人的敬仰，载入史册。他就是有名的晏子。

一天，晏子之妻想要出门，不料遭到了幼子的阻拦。幼子问母亲："你出去可不可以带上我？"母亲告诉幼子："不行，我还有事情要忙。"幼子听了，顿时哭闹不停，非要跟着母亲出去。母亲万般无奈，只好哄幼子说："你如果不跟我出去的话，我回来就给你宰猪吃。"幼子听了母亲的话后，非常欣喜，也不再闹了，母亲安心地出门了。

晏子之妻回来后，诧异地发现晏子正在磨刀，百思不得其解。其妻就问晏子："你为什么要磨刀呢？难道今天咱家要改善伙食吗？"晏子回答道："我要杀猪给孩子吃。"妻子听了之后，一脸茫然地跟晏子说："我就是随口一说，当时那么着急，就是为了哄孩子而已，你又何必当真呢？"

晏子语重心长地告诉妻子："孩童时代是孩子成长的关键期，如果他从小就在哄骗中成长，那么以后他肯定无法成为一个有道德的人。我们做父母的要言传身教，不要欺骗自己的孩子，这样才能使孩子以后也这样做，不欺不诈，信守承诺。"妻子听后，恍然大悟，在晏子的帮助下履行了对孩子的承诺。晏子之妻只是随口一说，但是对孩子承诺过的事情，就一定要践行。故事虽小，却成为一段佳话。

信用乃立身之本。一个没有信用的人，到哪里都无法生存。一个守信用、守承诺的人，必然也是一个人品极佳的人。王阳明就是这样一个人，他以极其负责任的态度对待他人，更以极其严格的要求来对待自己。他不轻易许诺，一旦许诺，就必定做到。

“言必信，行必果”，看似简单，却并非每一个人都能做到。在践行承诺的过程中，你会遇到各种各样的阻力，因此，一个信守承诺的人是值得大家尊敬的。一个人如此，一个国家更是如此。一个充满欺诈的国家是混乱的，是受人唾弃的。一个没有诚信的国家，在外交上也无法立足。

做一个信守承诺的人，做一个不欺不诈的人，践行自己的承诺，守护自己的品行。人，要对得起自己的良心，对得起自己的良知，做一个有道德的人。

——《传习录》心学人生——

一个信守承诺的人，必然是一个拥有良好品格的人、一个有道德的人。用自己的信守承诺来践行自己的品格，从而在人生的道路上实现自己的人生价值。

5. 精诚所至，金石为开

“惟天下之至诚，然后能立天下之大本”是王阳明的人生哲学。这句话意思是说：唯有天下的至诚，方能确立天下的大本。精诚所至，金石为开，假如我们没有诚意，就会什么事情也做不好，做不成。王阳明的心学认为，一个人只要真诚待人，终有一天会打动他人。即使你当下的行为他人不能理解，没关系，时间会给你答案，你的善良和良知别人看得见。

生不逢时，被贬贵州，带兵打仗又被夺取功劳，王阳明都不在乎，他相信总有一天他会得到正当的待遇。他是正直的，无论对待何人都是如此，就算面对大宦官刘瑾时也能够仗义执言。他相信自己的真诚终会打动大明皇帝，百姓会为其正言，历史也会为其正言。

也许，对于善良的王阳明以及众多耿直的大臣来说，遇到刘瑾是对其人生最大的考验和挑战。刘瑾的心灵是邪恶的，他的心灵是一面布满尘埃的镜子。按照王阳明心学的说法，假设世界一切都是善良的存在，将人的内心比作一面镜子，如果镜子是清明的，所映照的东西就会清晰可见，必定是美好的；反之，如果镜子布满尘埃，所映照的东西就是肮脏的，甚至看不到任何东西。人心本没有善恶好坏之分，就看你怎么去处理自己的心境，心是真诚的，是纯洁的，那么就会照射到善良，反之则会照到邪恶。

心狠手辣、阿谀奉承的刘瑾，终于在明王朝朱厚照继位后，一步登天，成为皇帝的宠儿。此后，他变本加厉，对忠臣刘健和谢迁百般打压，并继续谄媚皇帝，引导其享乐。

大臣们看在眼里，急在心里，纷纷上书请求皇帝谨言慎行。朱厚照看到信后，虽然明白了，但却仍旧我行我素。心灵纯洁、诚信至善的大臣们不放弃，他们继续行走在拯救大明王朝的道路上，即使最后被降职，被贬为平民，仍然努力着。他们相信，退缩不是战斗，只有勇敢地战斗下去，才有可能成功。

28 岁中进士的王阳明是幸运的，在京城当了个六品官。正德元年，他上书明武宗，却被刘瑾斥责为“权奸”，遭到迫害。这样的羞辱是让人难以接受的。虽然苦闷，但是他却诚心致力于哲学研究，坚持探索圣贤之路。他想，终有一天我的诚心大家能看到。

也许是他们的真诚打动了大明，正德五年，刘瑾被处死，而也是在此时，王阳明赢来了自己人生的春天。他先后升任南京刑部主事、北京吏部主事等职，踏上了实现人生抱负的道路。

王阳明是真诚的，他相信“精诚所至，金石为开”，他成为灰暗明朝历史上的一颗璀璨星辰。著名翻译家傅雷曾说："我一生做事，有三大指南，第一坦白，第二坦白，第三还是坦白。绕圈子，躲躲闪闪，不是我的风格，这样的行为不会让人觉得好，反而容易引起他人的疑心。你费尽心思地要手段，耍小聪明，倒不如光明正大，实话实说，只要你的态度是诚恳、谦卑恭敬的，无论如何他们都不会对你采取不利手段的。你要相信自己的真诚大家看得见，你的真诚会成为开启交往大门的一把钥匙。"

真诚老实最能打动人心，现在的你也许彷徨，也许不知所措，不知如何与人相处，害怕自己的真诚收获不了自己想要的东西。没关系，时间会给你答案，时间不会辜负一个努力的人、一个真诚向善的人。一个人不仅仅要做到"知"，还要做到"行"，用自己的真诚和善良来打动身边的人，做一个真诚的人，做一个有良知的人。

不去计较时间的久远，不去计较他人给你带来的伤害，所有的一切都会积淀成为你人生的财富。你的真诚会成为你人生道路上必不可少的一剂良药，也会成为你人生道路上一道亮丽的风景线。

——《传习录》心学人生——

每个人的心都应该是善良的，就好比一面干净的镜子，映照自己善良的行为和良知。精诚所至，金石为开。任何的顾忌都是徒劳的，你就是你，一个真诚的你、一个善良的你、一个与众不同的你。

6. 诚信是做人的大原则

王阳明继承了宋代大儒陆九渊的学术思想，并融入自己的思想，形成了独具一格的"心学"体系。他的思想影响了很多人，为当时萎靡消沉的社会注入了新鲜的血液，让人们受益匪浅。他认为一个人最重要的就是本心，人的本心就是真：真诚、真挚、真君子。茫茫人海，大千世界，虚虚幻幻、真真假假。诚信不仅仅是你对他人的态度，更是你对自己的认识。也许，在你看来，你眼前得到了小恩小惠，但其实从长远看来，你却失去了一个至善至诚的伙伴。你欺骗别人很容易，但是你欺骗自己却是很难的。

“诚字有以工夫说者。诚是心之本体，求复其本位，便是思诚的工夫。”王阳明信奉这样的人生智慧，也这样严格要求自己。他告诉世人，做到诚信需要下很大的功夫，诚是人心的本体，要想真正地找到自我，就必须学会诚信，因为这是人与人之间和睦相处的催化剂，也是我们做人的一大原则。

诚信，即诚实守信，说老实话，办老实事，不弄虚作假，不欺瞒欺骗，不自欺欺人，表里如一。一个人做到诚实守信，遵守承诺，就是知行合一。生活中，如果我们没有了诚信，就交不到真诚的朋友，也不可能成为一个出色的人、一个优秀的人。诚信是一种心灵的坦荡，是保持人格、尊重自我和他人的表现。

诚信自古以来就是中华民族的传统美德。孔子曾说：“知之为知之，不知为不知。”他教导自己的弟子，在学习中一定要诚实，知道就是知道，不知道就是不知道，这才是学习的正确态度。

战国时，秦孝公为强大秦国，起用有能力的商鞅实行变法。当时人们都不相信商鞅，商鞅也在心里琢磨，到底怎样才能让老百姓相信变法是真的呢？商鞅苦思冥想之后，想出来一个办法。他张贴告示，告诉百姓，在都城门外竖起着一根木头，倘若有人能把它扛到北门，就赏黄金十两。

起初，没有人相信这是真的，认为商鞅是开玩笑，所以就没有人去扛，大家觉得没有这么容易的事情。无奈之下，商鞅不断提高赏金的数额，直到提至五十两黄金。有一天，一位壮汉将木头扛到了北门。言而有信，恪守诚信的商鞅当场奖励这位壮汉五十两黄金。老百姓见状，纷纷说，既然他这么讲诚信，那么他一定是一个务实可信的人，他的变法一定会成功的！后来，商鞅成功地实行了变法，秦国国富民强，为后来秦统一六国奠定了坚实的基础。

商鞅说话、做事表里如一，就是诚信的表现，也就是王阳明所说的知行合一。那些秉持诚信原则、知行合一的人是历史舞台上闪亮的星。

诚实守信不仅仅是做人的一大原则，更是做人之本。一个守信的人，必然是一个人品良好的人，他恪守诚信，秉持讲真话、信守承诺的原则，在人际交往中成为大家追捧的宠儿。

诚实守信更是企业立足的根本。没有诚信的企业会为了暂时的利益而放弃长远的利益，这样的企业是无法长期经营下去的。没有诚信的市场，充满着欺诈，长此下去会影响社会的发展和长治久安，甚至会影响一个国家的发展。

诚实守信不仅仅是一个人做人的原则，更是一个民族、一个国家的精神之本。一个没有诚信的民族是可悲的，一个没有诚信的国家是可怕的。现代社会，不仅仅人与人之间应该遵守诚信，国家与国家之间更应该建立诚信的友好关系。只有这样，才能在世界诸国之中屹立不倒。

做一个诚信的人，才能在社会立足，在这个世界立足。

——《传习录》心学人生——

“内不欺己，外不欺人，上不欺天，君子所以慎独。”不去欺骗自己，不去欺骗他人，才能看清自己的良知，人与人之间应该多一些坦诚，少一些欺诈。秉持诚信的原则，做一个诚实守信的人。这样，你内心才有做人的原则，内心才有衡量的尺子，才会更加从容地去面对自己，面对他人！

第三章

良心

知行当合一，有良知才知何为善恶

心本无善恶之分，然而怎奈世间诱惑太多，于是，人人逐利丧失了原本的良知。要想拥有豁达心境，就要为善除恶，找回原本的良知。然而只有想法是不够的，关键还要身体力行，只有把想和做合二为一，才能成为一名言行一致的人。

1. 心为本，见闻出良知

每个人为人处世都有自己的准则和尺度，而准则和尺度是要靠我们的内心来遵守的。王阳明的心学中所说的“心”就是人的“良知”，所谓良知，是指人们道德上的一种境界。在良知的作用下，我们告诉自己，必须做这样的事情，坚决不能做那样的事情。一个有良知的人，一定是一个高尚的人、一个有高尚道德情操的人。在王阳明看来，心外无物，一切都要以心为本。与此同时，人的心与人的感官有密切的关联，因此，人一定要充分利用自己的感官，多听多看，才能提升道德境界。

王阳明在参透心学的道路上，曾经与好友切磋，进而加深了对良知与心性的理解。这天，王阳明与好友在凉亭小憩，友人以一个佛教的故事为题向其请教，以便加深对王阳明心学精髓的理解。

故事是这样的：佛伸出自己的手指问众人：“你们看见我的手指了吗?”众人异口同声地说:“看见了。”紧接着，佛把自己的手放入袖内，又问众人：“你们现在看见我的手指了吗?”众人不假思索地回答道：“当然没有。”佛无奈地批评众人：“还未看见人的本性。”友人并不明白佛所说的本性的意思是什么，就请王阳明解答。

王阳明回答道:“手指伸出来大家当然都可以看见，而放入袖中则不可看见，因此人的感官世界有看见和看不见的区别。而人的本性和本心不应该如此，它是真真实实存在的，不能因为你看不见就无法感知。因此，人只有在所闻所见上下功夫，才能获得真正的良知，而不在见闻上下功夫是完全错误的。良知不依赖于见闻而存在，而没有见闻就称不上真正的良知。”友人听后，恍然大悟。

良知是人性，而关于人性，在中国传统思想文化精髓中，有孟子“人性善”和荀子“人性恶”的争论，但这归根结底都是人的本体，是一种无形的东西，看不见摸不着。良知也是人心，而人心则与人的知觉、见闻及行为紧密相连。王阳明所推崇的良知，将人性与人心结合起来，力图探求良知与人心为本的关系。

王阳明所谓的见闻，是指人日常活动中通过感知思维所得到的知识，包括人对事物、对环境际遇以及现状的一些应对。而这些正是提高人的良知、磨炼人的心性的最佳方法。一个人只有见闻广了才可能通过自己的主观能力判断事情的对错，一个人只有见闻广了才可能在纷繁复杂的世界中处理突发状况，一个人只有见闻广了才能用自己的力量弘扬善德，避免走向人生的歧途。而所有这些，都是以心为本，反过来，又能提升我们的境界。

不可否认，每个人的人生中都会遇到不同的人，遇到各种复杂的事情。面对这些人和事，选择如何面对，如何透过现象看本质，如何辨别真假好坏，对我们的内心来说既是一种考验，也是一种挑战。但是，人生的路就是这样的，没有挑战的人生就好比没有涟漪的河流，终是无趣的。所以，你要学会勇敢面对，问问自己的内心，真诚地对待人生送给你的礼物，从这些礼物中提升自己的辨识力，提升自己的道德境界。所谓见闻出良知，就是这个道理。

王阳明在论“心”时，说“无心则无身，无身则无心”，他将心与感官的关系描述得如此紧密，由此可见心与见闻的关系。心为本告诉我们，做任何事情都不能脱离人的本性与本心，而见闻则告诉我们，虽然心不依赖于见闻，但是其不能脱离见闻而存在。人要发挥自己见闻的作用，通过见闻来提高自己的良知。这样，既能不脱离人的心，又能超越自己，达到一种至高无上的境界。

大千世界，茫茫人海，每个人都要学会在万千世界中提升自己的辨识能力，利用自己的感官世界来培养自己的心性，做到心为本，见闻出良知。

——《传习录》心学人生——

不去计较人生的得失，今天你所有的经历都会成为你人生的财富。你眼睛的所闻所见，你内心的所想所看，都会不断沉淀。在某个阳光灿烂的日子里，你会发现自己拥有了洞察事物的本质，达到了良知的最高境界。这样的你，独一无二；这样的你，充满自信，找到了真正的自己。

2. 良知为尺量万物

“良知只是个是非之心，是非只是个好恶，只好恶就尽了是非，只是非就尽了万事万变。”其意思是指，良知仅仅是判别是非的心，而是非则脱离不了好恶的概念。人只要明白了好恶，就能够明白人世间的是非之事，而明白了是非也就明白了世间万事万物的变化。

在王阳明看来，良知是是非之心、好恶之心，是判断是非的标准，也是衡量世间万事万物的标准。

在王阳明的心学思想中，他将良知形象地比作尺子，强调良知在我们日常生活、学习和工作中的重要性。每个人都会在有意或者无意中根据自己的良知做出一些道德判断，去评判他人的所作所为。每个人心中的尺子不一样，当然评判的尺度也不一样。但是，一个真正有良知的人，能够严格要求自己的一言一行，为他人作表率。

出淤泥而不染，濯清涟而不妖。王阳明所在的官场混浊不堪，宦官当道，皇帝听信谗言，但是他却始终坚守内心的尺子，明辨是非。无论何时，他都敢于挺直自己的腰杆，挑战邪恶，保持自己的本心。在王阳明看来，没有良知的人是可怕的。如果大明子民都是像刘瑾这样没有良知，那么这个王朝绝无兴盛的希望。好在他没有欺骗自己，也没有欺骗大众，一直行走在明辨是非的道路上。

王阳明是一个特别注重提高个人道德修养的人。无论是在苦心研读时，还是在身居高位时；无论是被贬贵州时，还是后来带兵打仗时，他都不断地培养自己知善去恶的能力。在他看来，真正来源于一个人内心的良知，会影响其言语、行为以及为人处世的原则。不尊良知，从短期看来，你或许获得了小恩小惠，但从长期看来，这不仅仅没有给你带来任何财富，还会影响你以后的人生道路，决定你以后的道路是一片光明还是满地荆棘。

良知是无形的，但又是有形的、具体的，一个人怎么处理一件事情，其良知必定确切无疑地展露在他人的面前。每个人都应该有自己的良知，都应该有一杆秤，以便有衡量人世间是非的标准。

诚然，每个人的内心都有两面性，既住着上帝，也住着魔鬼。当上帝在我们内心所占的比重较大时，我们就会看到人性中美好、善良的一面；反之，当魔鬼主导了我们的内心时，我们就会看到人性中丑陋、虚伪、邪恶的一面。而我们的社会应该充满爱，充满美好和善良。

那些贫困山区的孩子住在简陋的屋子里，他们的父母为了生存外出打工，有时候一年也和他们见不上一面。为了上学，他们每天要步行几公里甚至几十公里，他们的教室破旧不堪，下雨天还漏雨，这样的情况相信你不会熟视无睹！有良知的人、内心充满善良和爱的人，选择为他们捐赠图书，为他们募捐，哪怕自己也是一个学生，也要贡献自己的微薄之力。也许，这就是良知的力量。

我们的良知主导了我们应该去做什么，不应该去做什么。良知会告诉我们，应该帮助那些真正需要帮助的人，关爱留守儿童，关爱孤寡老人，它不会引导我们去做败坏道德风气的事情。良知就像我们行为的指路灯，引导我们拒绝阴险狡诈的行为，做一个有理想、有道德、有高尚情操的人。

其实，良知何尝不是我们内心深处一种非常质朴的情感呢？它就像我们的天使，有了它，我们便拥有了同情、真诚和善良。假如人们没有了良知，你会发现我们看到的尽是人世间冷漠残酷的一面，这样的人生是悲哀的。

一个人如此，一个社会更应如此。良知的力量会营造一个和谐的社会，一个充满友爱的社会。如果没有良知，社会将充满尔虞我诈、冷漠无情甚至丧尽天良。我们的社会，应该是人与人之间和谐相处，处处充满温情和正能量的社会。

——《传习录》心学人生——

“良知人人俱在，自圣人以至愚人，无不相同；人人同具良知，人人有个判断是非善恶的自家标准。”王阳明告诉我们，良知存在于人的心中，好比一面镜子，既是道德的评判标准，更是衡量人世间善恶的公正正义之尺。

3. 欲动则善恶分

我们生活在充满诱惑的世界，权力、金钱等各种诱惑相互交织，置身其中的我们该如何应对，如何为自己的善良行为打开一扇窗，创造一个充满阳光、雨露和良知的世界。面对诱惑，你该如何抉择？是保持清醒的头脑，保留自己的底线，还是放任欲望不断蔓延，最终走向罪恶的深渊？

你羡慕他人腰缠万贯，住着别墅，自己每天奋力打拼，却住在几十平方米的房子里；你羡慕他人光芒万丈，享受着鲜花和掌声，自己却是一个平平凡凡的人，没有人为你鼓掌喝彩。面对这样的巨大落差，你是选择踏实地面对自己，一步一个脚印地去实现自己的理想，还是走向犯罪的道路，一夜之间拥有自己所想要的东西？

每个人都是天使，都有活出自己、活得更好的愿望。你羡慕他人的腰缠万贯，却不知他们也和你一样是从底层开始打拼的，你需要的是时间的磨炼和努力；你羡慕他人光芒万丈，却不知他们在台下付出的汗水和泪水，多年泪水和汗水造就了他们今天的辉煌。你看到的所有的一切，背后都有不为人所知的辛勤努力。

王阳明的致良知理论中，大胆地鼓励人们根据自己的能力，去选择适合自己的方法，从而实现自己对梦想的追求，千万不要因为错误的道路和方法泯灭了自己的良知。王阳明在龙场时，有学生问他，我地位不高，而他人功成名就，我该如何实现我的梦想和追求呢？王阳明告诉他，地位不高但并不代表低贱，虽然你不能在科举考试中拔得头筹，但这并不代表你不可以扎扎实实地学习，做自己的圣人，千万不要因为自卑而举步不前，甚至走上歧途，所有的努力并非一蹴而就。一个人不能因为地位或荣誉功名等欲望而走上错误的道路，走向为恶的道路。同时，一个比你有更高地位的人，如果因为地位而丢失自己的良知，那这个人才是最悲哀。

如果一个人动了欲望之心，那么其向善和向恶之心就得以区分出来。有些人会因为想要获得梦寐以求的财富而丧失良知，无恶不作，走上违法犯罪的道路；有些人会因为想要获得高高在上的权力而丧失良知，不惜付出一切代价，误入歧途；有些人会因为想要获得高位而选择明哲保身，丢失了自己的梦想和初心，进而丧失自己的良知。

也许，各种各样的理由使得我们对其他事情充满欲望，而欲望驱使我们违背自己的本心，丢失内心的良知，失去与生俱来的那份本真，被世俗的权力和财富、地位蒙蔽了双眼。当然，不可否认的是，每个人都会有欲望，关键是欲望的趋向是不同的，他所指引给我们的人生道路也是不同的。

这个世界本是充满爱和关怀的世界，看到留守儿童，看到空巢老人，看到那些无家可归的孩子，我们难免流泪，想要用自己的力量来帮助他们。也许是一个小时的陪伴，也许是一顿温馨的晚餐，也许是几件御寒的衣服，也许是几句暖心的话语，都会让大家觉得这个世界是个有良知的世界，是一个充满关怀和爱的世界。

每个人的欲望是不同的，有好的欲望和坏的欲望，而这些则足以区分一个人的精神世界以及良知的力量。这个世界应该是充满良知、关心和爱护的世界，千万不要因为形形色色的欲望而丢失了自我，迷失了回家的方向。

王阳明曾说："人人自有定盘针，万花根源总在心。却笑从前颠倒见，枝枝叶叶外头寻。"每个人的内心都应该是善良的，都有自己的良知，这是我们人生之路的指引之灯。在指引之灯的指引下，你就可以排除一切外界干扰，剔除那些不好的欲望，做一个有道德和信仰的人，做一个善良的人、一个有良知的人。

——《传习录》心学人生——

王阳明的致良知理论告诉我们，每个人都应该是自己的天使，每个人都有向善的意愿和理念，面对欲望，我们应该选择理性面对，做自己的主人，做一个善良的人，做一个有良知的人。

4. 为善除恶即修心

知善知恶是良知，为善去恶是格物。王阳明心学的精髓大抵如此。所谓知善知恶是良知，是指人内心的作用，而良知恰似我们内心的一面镜子，它与天地万物一起存在，是亘古不变的道理，它会告诉你所做的事是善还是恶。每个人只有将自己私欲中不好的部分剔除，良知才能焕发光芒，我们也才能够发挥自己内心的真正力量，这就是良知的作用。

所谓格物，是指正物，而正物的最佳办法则为正心。只有内心是正直的，天地万物才是正直的，反之则没有什么是正的。那么，为善去恶是格物，从字面意思来看，就是一个人要把自己内心的恶意去掉，将善意发扬光大，如此内心就正直了，就善良了。

其实，为善去恶并不仅仅是我们日常生活中所谓的多去参加实践活动，多去做对社会有益的事情，这样片面地理解并不是王阳明心学的真谛。为善去恶的真正意思应该是基于实践活动的心理活动的改变，因为一个人只有内心改变了，才会真心实意地去做对社会有益的事情，而不应该仅仅停留在枯燥无味的行动中。

王阳明在他的致良知理论中，强调真知和内心的重要性。他认为，真知就是行动，行动就是真知，二者并不存在本质上的区别。因此，一个人开始尝试为善去恶的改变，其实在很大程度上是与自己内心的一场较量。你只有学会控制自己的内心，才不会在日常行为和实践活动中出现偏差，而这些都要去磨炼，去改变。

在王阳明的时代，以刘瑾、朱厚照等为代表的是缺乏良知的人。中国历史上像刘瑾这样良知泯灭的人很多，如秦桧、严嵩、赵高等，他们都有一个共同的特点：无恶不作，搜刮民脂民膏，不顾百姓安危，只为一己私利。这样的人是可恶的，在他们身上，我们丝毫看不到良知的影子。而对于这些人而言，良知是极其讨厌的东西，只要他们发现就会马上剔除，这样的人是可怕的，更是可悲的，在他们的世界里，每天都要与良知作斗争，从而失去了最初的本心。

王阳明认为像刘瑾这样丧尽天良的人，其实也是有良知的，而隐藏起良知的是身。当然，有身才有心。他们为了生存，为了活得更好，背着良知做出了很多与之相悖的事情。为了保持身的存在，他们无所不用其极，逐渐地，他们内心遮蔽良知的杂物越来越多，心中的镜子落满尘埃，再也找不到阳光的地方。

刘瑾生活的皇宫就是一个良知的大染缸，任何人想要活下去，就必须选择保身，将自己的良知放在一边。殊不知，时间久了，这样的想法会让他们泯灭良知，心中的恶意布满整个心田，善意也就失去了生存的土壤和空间。

当然，刘瑾生活的时代很快就过去了，但是任何时代都有类似的欲望，所以，我们要学会在社会中辨识自己，学会在寻找自我的过程中为善去恶，做一个道德高尚的人，做一个有良知的人。那么，怎样才能为善去恶、真正修心呢?

首先，停下匆忙的脚步，重新审视自己，看看自己的内心是否存在恶意，诸如为了工作选择错误的道路，为了财富走向歧途，如果有，罗列出来，告诉自己，从现在开始改变。

其次，放下繁忙的工作，给自己放个假，回归最本真的自然，呼吸新鲜的空气，享受和煦的阳光，给自己的心灵放个假，找寻最真实的自我。

最后，多去参加对社会有益的实践活动，从内心真正接受和改变自己。你要做到的，不仅是做对这个世界有益的事情，还要从内心接受这些善意的行为活动。

如果上述行为你做到了，那么你就做到了真正的修心?

——《传习录》心学人生——

为善去恶是格物。王阳明的心学告诉我们，你要做到的不仅是参加实践活动，改变自己的恶意。要做一个有良知的人，内心还必须有这样一个意识，即内心改变才能真正改变。所谓为善除恶即修心，说的就是这个道理。

5. 无良知，行而改之

王阳明在向其弟子传授良知的道理时，起初有些弟子百思不得其解。一天，王阳明讲学到深夜，弟子们还是不明白良知的真正内涵。就在这时，门卫押进来一个小偷，让王阳明发落。王阳明此时灵光一闪，告诉弟子，这就是个现成的例子，等我把他的良知找出来，你们就清楚了。众弟子觉得匪夷所思，只能静观其变。

王阳明问明小偷的来历之后，让小偷脱衣服。起初，小偷脱掉了自己的上衣和裤子，王阳明见状，让其继续脱。当小偷脱到只剩一条内裤时，死活不愿意再脱。王阳明问小偷，你为什么不愿意再脱了。小偷回答道，我偷东西是为了生存，而你让我脱衣服本身就是件不光彩的事情，你这样做让我觉得很难堪，我也是有羞耻之心的。

紧接着，王阳明告诉自己的弟子："这就是良知。从情感上来看，这是羞耻之心。从羞耻升华到理性，就是人的是非之心了。我容许脱我的外衣，但是一丝不挂做不到，这就是人的根本。"众弟子听后，恍然大悟。这时，让大家惊讶的是，小偷跪下对王阳明说："我做贼很多年了，只有你说我还有良知，还把我当人看，今后如果我再做贼，我就自杀。"

王阳明用身边的例子来讲述良知的真谛，而小偷的话也告诉我们，很多不良行为是可以改的。你所谓的没有良知，只是没有发现自己的良知。小偷之所以成为小偷，是为了生存，其实他内心的良知并没有消失，只是经过很多年的盗贼生涯和外界的评判，自己无法发现自己的良知。因此，你应该做的是从现在开始，改变自己的行为习惯和做事方式，你会发现，自己内心的良知是存在的，而不是自己所认为的没有良知。

小偷认为自己在道德方面很失败，这或许是他的心理原因在作祟，或许是他不知羞耻的心理衡量。如果想要拯救这样的人，或者让其认识到自己的错误，帮助他正确认识自己，发现自己尚未完全泯灭的良知，那么改正他的行为应该是最有效的途径。一个人要改变并不难，关键是能否从内心深处认识到自己的问题和错误。

也许，你认为江山易改，本性难移，改变某些行为对你来说是很难的。但是，你有没有发现，当你在错误的道路上越走越远时，你并没有得到自己想要的东西，反而丢失了越来越多的东西。或许是家人的指责，或许是朋友的无奈，或许是道德的谴责，当所有的这些都要你面对时，你会发现自己内心的痛苦和挣扎，自己的无奈，你会发现原来自己也渴望阳光和关怀，想要得到大家的关爱，想做一个有良知的人。

所以，你需要做的是审视自己的行为和习惯，看看自己哪些方面做得不够好，哪些方面违背了道德的意愿。接下来，你就需要不断地激励并告诉自己，我一定可以战胜自己，战胜自己的内心，告诉自己一定要做一个有良知的人。在确定了自己的内心和目标之后，你需要接受亲朋好友和社会的监督，在他们的监督下，循序渐进地改正自己的行为习惯。慢慢地，你会发现，自己没有了以前错误的想法，心中没有了恶意，充满了善意，你又找回了内心的良知。

王阳明认为，每个人的内心都是有良知的。一个没有良知的人只是因为在权力、欲望的不断熏染下，失去了本来的良知。这其实并不可怕，可怕的是自己没有认识到自己的错误，不去改正自己的行为。

所以，你需要从今天起，放下自己内心的包袱，找回自己的良知。

——《传习录》心学人生——

有则改之无则加勉，人生就是这样，良知亦是如此。你离良知只有一步之遥，大胆地去改变，大胆地寻回内心的良知吧！

6. 身体力行存良知

王阳明的一生可以说是身体力行，其所做、所想，都是从良知出发，听从自己内心的声音，他的一生是令人惊叹和佩服的，虽几经挫折，仍不忘初心，是真正意义上高尚的人、有良知的人。

出身于名门望族的他，受祖父王伦影响颇深。王伦是一个兼具学识和德行的人，在浙东、浙西都非常有名，其淡泊名利以及在经史方面的修养对王阳明影响很大。王阳明的父亲，官至南京吏部尚书的王华，更是从小就教导王阳明的治学和为人，对王阳明的人生道路起了至关重要的作用。

在京师念书时，王阳明问私塾老师："何谓第一等事？"私塾老师告诉他："读书获科举名第。"他却不以为然，认为读书做圣贤才是人生的第一等事。按理，对于出身官宦人家的他来说，考取功名才是第一要义，他不用像普通人家的孩子一样，寒窗苦读，靠考取功名改变命运。但是，王阳明却更愿意做个精神贵族，他希望有朝一日能够做圣人。

17 岁时，他与诸氏成婚，洞房花烛夜他却闲逛到道教的铁柱宫，与道士交流了很多道理。结婚之后的他内心更加稳定，并没有只闻风月之事，而是对学识的追求更加痴迷。在 22 岁和 25 岁，王阳明两次会试落榜，也许是不幸的，但又是幸运的。他反思科举制度，认为自己真正的目标还是做学问，因此他并没有把学问当作做官的筹码，仍旧按照自己的心路做"第一等事"。34 岁，王阳明因反对宦官刘瑾被发配贵州龙场，艰难的困境并没有打倒他，他潜心研究学问，创立书院，教授弟子，用六七年的时间悟出了心学的精髓，史称"龙场悟道"。45 岁，他平定暴乱，49 岁，他平定宁王朱宸濠的叛乱，奠定了后来作为军事家的地位，而他的军事才能都是其心学在战场上运用的结果。

针对无人参军、兵力不足的情况，他主张“明赏罚”；为了提高统治效率，他主张“赏不逾时，罚不后事”，以起到劝善惩恶的作用；在处理反叛人员时，他认为良知是最高的行为准则，应当高于法律，因此他主张“量情法”，对主犯从重，其他从轻，尊重生命，尊重良知。

当王阳明的心学成为主流价值观后，他仍尊重自己的初心，身体力行，从良知出发，服从自己内心的召唤，做一个有良知的人。他一生坎坷，但是始终身体力行，努力实践，发挥自己内心的作用，为自己的人生涂上了一笔亮丽的色彩。

现在的我们难道不更应该如此？每个人都有自己的良知，每个人都有自己的生活和事业，你选择怎样生活，怎样工作，就在一定意义上影响你良知的高度和深度。一个努力实践的人永远行走在其他人的前面，这样的人不仅会收获自己想要的东西和目标，还会收获良知，精神世界也得到了满足。这样的人无论何时都能够用自己最本真的心追梦，无论何时都会听从自己的心，主宰自己的人生。

一个身体力行的人，要有梦想，无论何种梦想都会成为其人生奋进的目标和动力，因为在他们看来，人生一定要有价值和意义；一个身体力行的人，要学会时不时停下匆忙的脚步，听听自己内心的声音，反思自己，看看在追梦的道路上自己有哪些事情违背了初心；一个身体力行的人，一定是一个高尚的人，一个有良知的人，在追梦的道路上关爱自己，关爱他人，用自己热忱的心融化坚冰，为未来的道路铺满鲜花。

他们身体力行，努力追梦；他们不忘初心，努力做自己；他们志存高远，立志做一个有良知的人。人的一生难的不是不忘初心，而是始终不忘初心，要做到这一点既需要时间的考验，更需要我们内心的坚定。

你是一个身体力行的人吗？你是一个努力追梦、不忘初心的人吗？你是一个不忘初心、有良知的人吗？加油吧！还在徘徊中的你，还在止步不前的你！

——《传习录》心学人生——

对我们而言，身体力行并不难，努力实践也不在话下，但是你要学会不忘初心，并身体力行，这样才能真正成为一个有良知的人。

7. 言行一致做高尚之人

言行一致，即所说的和所做的一样。言行一致不仅是一个人基本的行为准则，也是当前社会所有工作应遵守的重要原则。言行一致，换句话来说就是要讲信用，答应别人的事情一定要做到。古人云：人而无信，不知其可以。一个人是否是一个道德高尚的人，是否是一个有良知的人，言行一致都是评价其的重要标准和原则。

事实上，言行一致自古以来就被历朝历代的统治者所重视，作为考核官员的重要标准，成为国家兴邦安康的基础。三国时，曹操为了令行禁止，挥剑割发；隋文帝杨坚为了取信于民，严惩恶子，感召天下；他们用亲身实践和努力做到了言行一致，取信于民，强大了自己的国家。

在王阳明看来，言行一致是一个人的立身之本。做人要言必信，行必果，说到做到，表里如一，这样才能得到他人的尊重。古往今来，凡是言行一致的人，都是品德高尚的人、受人尊敬的人。假若一个人不能言行一致，那么他在世上就无法立身，也难以成事。

西周成王很小的时候，其叔父周公旦摄政。有一天，他和自己非常要好的小弟弟叔虞在宫中的一棵梧桐树下玩耍，玩得不亦乐乎。当时正值秋天，一阵风过后，梧桐树上的叶子纷纷飘落，甚是美丽。

成王一时兴起，便从地上捡起一片梧桐树叶，找来小刀，把叶子切成一个“圭”字，将其随手送给了叔虞，并开玩笑地说：“我要封你一块土地，拿去吧。”叔虞听后，非常开心，便拿着梧桐叶做成的“圭”，告诉了自己的叔父。

叔父听完这些话，立刻穿戴整齐，赶到宫中向成王表示祝贺。成王见到叔父如此兴师动众，便问周公："你为什么要如此隆重地向我表示祝贺呢？"

周公见成王不明所以，便跟成王说："我听叔虞说你已经册封他了，这是国家大事，我怎么能不赶来道贺呢？"成王听后，忍不住哈哈大笑，告诉周公："我只是一时兴起，跟叔虞开玩笑的，并不是要真要册封他。叔父又何必当真呢？"成王此时并没有意识到这件事情的严重性。

周公立即收起笑容，告诉成王："无论你是谁，你是君主也好，臣民也罢，说话都要言出必行；你身为天子，更要言出必行，如果天子都像你一样说话随随便便，抱着开玩笑的心态说话，那一个国家如何能长治久安呢？你如果这样做，如何让你的臣民臣服于你呢？如果你不顾信义，将自己所说的话当作玩笑，那么你哪有资格做一国的天子呢？"成王羞愧地低下了头，从此之后谨记周公教诲，言行一致，为百姓谋福利。

其实，要做到言行一致并不难，必须要听自己内心的声音。答应别人的事情一定要做到，这样才是真正的言行一致。也许在你看来，你只是随口一说，但你却不知道你随口一说的话很有可能会影响你在他人心中的形象。

每个人都渴望做一个品德高尚的人，但是这并不是停留在口头上面的，而必须落实到自己的行动上。只有真正落实到行动上，让其他人看到你为此付出的努力，他人才会从内心接受你，才会从内心深处觉得你是一个高尚的人、一个有良知的人。

从今天起，落实到行动中去，而不只是嘴上说说。真正的智者会在行动上下功夫，从而赢得他人的掌声和喝彩，也许，你所缺乏的只是迈出第一步的勇气。只有勇敢地实践，才能赢得他人的欣赏。

——《传习录》心学人生——

王阳明言行一致，身体力行，成为名副其实的高尚的人，获得弟子及世人的好评。而现在的你与高尚只有一步之遥，你要学会勇敢地做自己，言行一致。

8. 知与行，合二为一

“知行合一”是王阳明良知的精髓。在心学中，他强调一个人的良知要与行动结合起来，才能真正成为一个有良知的人。他对于知的解释，不同于朱熹。在其心学观点中，他认为所谓的良知应该与人的道德实践相结合，并且要对引起道德实践的主观意念进行省察，即进行反思，看自己的道德品行中是否存在不善的意念。

他所说的知行合一，强调人的行动是受意念指挥的。假设在你的心中存在不良的意念，你就需要将其彻底舍弃。王阳明将意识所指挥的行为，纳入人的道德实践的范畴，认为一个知行合一的人，必定是一个道德高尚的人，这样的人无论在何时何地都能够做到知行合一，是真正意义上的有良知的人。

在王阳明看来，要做到这些并非易事。真正的知行合一，需要个人的严格控制力和约束力，需要不断提醒自己，审视自己所做之事是否符合道德的标准，需要接受来自社会和大众的评判，接受来自外界的监督，在此基础之上，做到不忘初心，知行合一。

那么，王阳明心学所强调的知行合一的境界，人们该如何去做，才能做到，才能被真正评判为一个有良知的人，一个高尚的人呢?

第一，积聚实力，你需要不断地涉猎新知识，读伟人之书、名人经典，看看那些品德高尚的伟人是如何一步步践行自己的人生价值和意义的。当然，我们要在这些经典中归纳总结出一些最适合自己，最容易接受的培养自己品德的方法。有时候，这些名人之书能帮助我们解决很多困惑，使我们在遇到问题时不至于不知所措，迷失方向。

第二，重新审视自己，接受来自他人的批评和自我批评。你的行为举止、品格言行有哪些问题，你自己应该了如指掌，当然如果你自己不清楚的话，就需要你身边亲朋好友的帮助。在接受批评时，尝试与他们沟通，弄清楚自己在言行举止以及品德方面存在的问题究竟是什么，只有清楚了这些，你才知道下一步要努力的方向。要提醒的是，有问题并不可怕，可怕的是不敢承认问题。

第三，清楚自己的问题之后，制订详细的计划，一步一个脚印，循序渐进地改变自己的行为举止和习惯，逐渐去除自己内心的恶意的心态和意识。你需要多实践，多去社会看看，多帮助那些需要帮助的人。你需要用自己的微薄力量来献爱心，以收获满满的幸福和感动。一个人只有身体力行，付出了行动之后，才能真正作出改变，而不是纸上谈兵，不知所云。

第四，在行动中磨炼自己。一个人只有在行动中才能明白事情的真正意义和道理，你必须将自己内心的良知运用到实际生活中。只有在孝敬父母的过程中，才能懂得什么是孝；只有在关爱孤寡老人的过程中，才会明白什么是真正的爱心。你的爱心、你的祝福都需要用实际行动来阐述，用实际行动来体现你人生的意义和价值。

学会审视自己，学会脚踏实地，学会在行动中磨炼自己，未来的路还很漫长，未来的路等待着你用心去创造。现在的你也许自诩道德高尚，但是任何人都无法判断，因为你没有落实到自己的行动中去；现在的你也许在身体力行，但是只有你自己清楚你是否从内心深处接受很多善意的行为，内心是否还存在着恶的意念。所以，你需要做的是像王阳明一样，将内心的道德意念与行动结合起来，做一个知行合一的人、一个品德高尚的人、一个有良知的人。

——《传习录》心学人生——

每个人的人生都是在探索和徘徊中前行的，每个人都在意念和行动之间徘徊，寻找着出口。那么，你不妨停下脚步，听听自己的内心独白，在人生的道路上，将自己的道德意念与行动结合起来，真正地做到言行一致，真正地做到品德高尚，做一个有良知的人。

知与行，合二为一，路在脚下，不忘初心。

第四章

宽心

宽厚得大道，身心淡定无烦恼

把心放宽，外界的烦扰就无法打乱内心的安宁。那些患得患失、斤斤计较的人，常会情绪激动、心浮气躁，外界的压力一次次地冲击着他们的底线，搅乱着他们平静的生活，使他们少了气定神闲的坦途。

1. 不忙不乱，不焦不躁

“天地气机，元无一息之停。然有个主宰，故不先不后，不急不缓，虽千变万化而主宰常定，人得此而生。若无主宰，便只是这气奔放，如何不忙？”这是王阳明心学理论中关于人的心态的观点。在他的理念中，天地间的万物都是不断运动、变化和发展的，而人既然为本身的主体，就应该把握自己的人生，主宰自己的心态和命运。因此，人生态度非常重要，应该不忙不乱，不焦不躁。

王阳明的这句话，大意为：天地间的万物是一直变化的，从来没有一瞬间的停止。然而有了一个主宰之后，变化就会有所依据，有秩序可言，虽然千变万化，但主宰却是一成不变的，人有了这个主宰，才能在瞬息万变的人世间生存。如果这个主宰是恒定的，就好比天地间万物不断变化一样永不停息，即使日理万机，也能够保持好的心态，从容自在；如果没有主宰，便只是世间万物在变化，那你怎么会处于不累的状态？

而这些并非由我们自身所决定。外界的变化、工作和生活的压力，使得我们每天都处于忙乱的生活状态中。当你告诉你的同伴不要着急，慢慢来时，他的回答是：大家都很急，都很忙，如果我不快点的话，就跟不上时代的节奏和步伐了。

忙碌是现代社会大多数人的生活状态，你每天很早起床，加快脚步挤上地铁，只为了在老板之前到达办公室；你的生活很有规律，固定的地点、固定的时间做着固定的事情，你告诉自己只能这样生活，不想因工作不努力挨批，不想家人找不到。你无暇参加同学聚会，很久没见面的朋友也只是微信聊天或者打个电话，你告诉对方最近太忙了，下次约，可是你却不知道这个承诺什么时候能兑现。

快节奏的生活让你无暇顾及自己的健康状态，与此同时带给你的还有更严重的影响，即内心的忙乱、急躁和焦虑。这样的心理状态对身体是极为不利的，有研究表明，长期处在压力之下的人，虽然每天过得很充实，但是不仅会导致健康状况下滑，如不合理饮食容易引起肠胃炎、胃溃疡等疾病，而且还会引起心理疾病，如抑郁症等。

小李是一名普通的上班族，身为普通白领的他每天过着三点一线的生活。每天除了公司和家，他还去培训机构提升自己的业务能力。小李觉得这样能够使得其尽快适应公司的工作，提升自己的工作能力，但是他不知道这样的生活状态给自己带来了很多问题。

一方面，每天太过忙碌使他无法按时吃饭，引发了胃病；另一方面，高度紧张的状态使得他内心焦躁，导致无法安心完成领导布置的任务，有时候甚至很简单的工作都无法顺利完成。

类似小李这样的情况在日常生活中并不少见。为了生存，我们努力适应现代社会的快节奏，殊不知为此付出了巨大的代价。如果我们能够在忙碌的生活中给自己留一份悠闲，不受压力和烦恼所累，那么我们就能够气定神闲，我们的生活也能够过得潇洒自在。

放下内心的包袱，不忙不乱、不骄不躁，掌握自己人生的方向和道路。你的工作再忙，也要学会给自己放假，下班了与同事喝一杯茶，享受悠闲的生活。回到家，关掉手机，洗个热水澡，放松自己的心情，第二天你会发现你的工作效率很高、这才是你应该过的生活。

不忙不乱，享受生活带给我们的快乐；不骄不躁，主宰自己的人生和命运。

——《传习录》心学人生——

停下匆忙的脚步，没有必要强迫自己，活在当下才最为重要；缓和急躁的心情，没有必要焦虑，要享受人生的美好。你的人生你主宰，你是生活的主人。

不忙不乱、不骄不躁，主宰自己的人生！

2. 看破世间繁华，不动于气

这个世界有太多令我们羡慕的事，也有诸多我们无能为力的事。我们享受大自然带给我们的鸟语花香、云卷云舒，在自然界的海洋里自由地徜徉，感恩自然带给我们的美好；我们体会人类的生老病死，聚散分离，喜怒哀乐，在人间的道路上慢慢品味。我们触动于不同的场景，世间冷暖，喜怒哀乐，我们触动于不同的人生状态，跌跌撞撞，时间流逝。面对这些，你该如何抉择？是心情大起大落，丢失自我，还是看破世间繁华，安然处之，不动于气？

王阳明的一生可以说是看尽人间繁华。他目睹他人中举，自己却落第；他人身居高位，享受荣华富贵，自己却受小人诋毁，被贬贵州；本是自己的军功，却被他人夺取。面对这一切，王阳明的心态并没有什么变化，反而以更加安然的态度来对待人生。因为，王阳明相信，历史是公正的，世界是公正的，历史会给他公正的评价。

在王阳明看来，心是人最为敏感、最易受外界影响的器官。我们的心情会受到外界各种事情的影响。我们的喜悦、激动、愤怒、感伤等情绪，都会随着时间的流逝而改变。而我们内心对外界的不同感触决定了我们过着怎样的生活。当一个人内心安然时，人的内心无善无恶；当气动时，内心则有善有恶。在动气的过程中，如果你丢失了本真及自我，那就好比丢失了自己人生的方向，就不知道自己所做的事是否正确。

所以，一个人有了安宁、祥和的心境，才能看破世间繁华，虽处闹市而不为之动心。

北宋苏东坡在黄州做官时，遍交海内外好友，与和尚佛印关系甚好，二人经常谈心。一日，苏东坡才思泉涌，做了一首赞扬佛的诗词，诗曰：稽首天中天，毫光照大千；八风吹不动，端坐紫金莲。

苏东坡写此诗一方面赞扬佛陀，另一方也暗含自己已经达到心能转物而不为物转的境界。苏东坡觉得甚是满意，于是派人将这首诗交给佛印，请其评价。当仆人拿着佛印的评语回来时，满心欢喜的苏东坡以为佛印会给其极高的评价，没想到打开一看，只看到了两个字：放屁。

苏东坡甚是愤怒，他仔细检查自己的诗句，没有发现任何问题，于是连夜坐船过江找到佛印，打算跟他好好理论一番。没想到，令苏东坡更为生气的是，佛印竟然告知看门人概不见客。正当苏东坡想要破口大骂的时候，看到佛印贴在门上的一张纸条，上面写道：八风吹不动，一屁过江来。苏东坡看到之后，慢慢地琢磨这句话，最终明白了佛印的用意。很明显，苏东坡正是因为动了心才连夜去找佛印。

其实，身处尘世我们很难不为之动心，但是态度很重要。得失荣辱都会使我们动心，与他人极大的落差会使我们动心。他人功成名就会让你羡慕，但是这并不能成为你动气的理由；面对他人的诋毁，你可以选择安然处之，不为之动气，因为时间会告诉你答案，你的真诚会有人看得见。一个不动心的人，因为选择了安然处之，选择了淡然的态度，生活会更好。

你应该学会乐观地看待一切，淡然地看待人世间的跌跌宕宕、起起落落，学会泰然处之。常怀这样的心态，你才能过上更加快乐、更加幸福的生活。这才是我们应该追求的人生，应该享受的人生。

——《传习录》心学人生——

看破世间繁华，不动于心，该有的都会有，要相信一切都是最好的安排，生活是这样的，感情和工作亦是如此；看破世间繁华，不动于气，他人光鲜亮丽的背后是不断地付出和努力，你只有更努力地奋斗，才能拥有你所期许的生活；看破世间繁华，不动于气，选择乐观地生活，选择坦然地面对，选择快乐的人生。

3. 能够包容他人的过失

王阳明为寻求心学的真谛，曾经攀登地势复杂险要的九华山，想在大自然中寻求感悟。当他气喘吁吁地爬到山顶时，不仅内心感到轻松，也被周围的景色深深打动。九华山高耸入云，非常壮观，置身其中，仿佛落入仙境。置身这壮观的九华山中，没有他人的牵绊，没有凡尘琐事的打扰，只有清脆的鸟鸣声，让人心旷神怡，内心无比放松。

王阳明感叹大自然能够包容天地间万物，给人以美的感受，人不更应该如此吗？大自然广阔无垠，而人只是大千世界中小小的一分子。一个心情不好的人置身这美景之中，顿时也会觉得烦恼消失殆尽，那是因为大自然能够包容，包容所有过失，倘若人也如此，学会包容，包容别人的过失，那是怎样的一种心境和心态，如此便真正达到了真我的境界。

王阳明一生功绩赫赫，他年少时便立志成为圣人，为此不断努力，对自己严格要求，要求自己成为一个内外兼修、文武双全的人。政治的不清明给他带来很多麻烦，他遭遇到别人的嫉妒和猜疑，被贬、被夺取功绩都没有使其变得心胸狭隘。他学会了包容他人的过失，学会了严于律己，宽容待人。因为在王阳明看来，一个能够包容他人的人必定是一个内心没有仇恨的人，这样的人一定是快乐的，不会将他人的过错强加于自己，为自己的生活带来诸多阻碍。

他爱戴大明的子民，拯救百姓于水火之中，在民间传为佳话。老百姓都对他感恩戴德，感恩大明朝有这样善解民意的清廉官员。但是，就算王阳明有再大的功劳，为了维持朝廷表面的和平，为了在朝廷中斡旋，为了多为百姓办点实事，他也只能选择委曲求全。别人夺取他的功劳他不在乎，他认为只要学会包容，这点小事都不算什么，只要朝廷安定，百姓免受战争以及流离失所之苦就可以了。而正是因为他的宽容，使得他能更加坦然地面对自己，更加从容地为百姓奔走。

明朝正德皇帝去世之后，嘉靖皇帝继位。嘉靖皇帝赏识王阳明的才华，也深知其劳苦功高，便想好好任用王阳明，为其加官晋爵。但此时的王阳明处境非常窘迫，朝中有很多大臣嫉妒王阳明的才能，嫉妒其得到皇帝的重用，于是联合起来排挤王阳明。这让王阳明感到心力交瘁，感到无比气愤。因为他虽然对自己得不到赏识无所谓，但是却对手下那些兄弟们是否得到赏识很在意。为了平息自己以及其他为他感到不公的人的愤怒，他将自己的功劳归功于“伯乐”——兵部尚书王琼的提拔，以此来减少对他人的仇恨，包容他人的过失。

王阳明一生清明至极，面对他人的诋毁和责难，他选择包容，并且不断地为明朝的兴盛安定而努力。他严于律己，宽以待人。他要求自己清廉，又选择包容他人。在他人生的字典里，包容既是为自己疗伤的解药，也是真正意义上达到人本善，寻求自我的最高境界。

严于律己，宽以待人，学会包容他人的过失，说起来容易，做起来其实并不容易。当你看到某件事情做得不符合自己的心意时，就会抱怨，甚至充满愤怒，就想去责怪他人。你看到这样的问题，你不允许他人犯同样的错误，实际上这就是你在用一定的标准要求他人。所谓包容，就是当你看到他人的问题时，不要去指责他人，而是要原谅他人，从而进一步提醒自己不要犯同样的错误，这就达到了另一种境界。

我们原谅自己很简单，原谅他人却相对困难。如果能以包容自己的心来包容他人，你就能到达圣贤的地步了。

——《传习录》心学人生——

包容他人的过失既是一种美德，也是一种与人交往和处世的态度。你要学会在万千世界中包容他人，做一个心胸宽广、潇洒自在的人。

4. 身处泥泞，遥看满山花开

每个人都希望过上一帆风顺、没有荆棘曲折、没有坎坷起伏、一辈子舒心快乐的生活。但是，人生道路并不是完全平坦的，也并非康庄大道，人生的大部分路段，充满了坎坷、荆棘和挑战。很多人走在这条路上，抱怨有这么多的苦难，抱怨有无法逾越的鸿沟和心理障碍，抱怨为什么他人的人生道路那么平坦，而自己的人生道路却是这般模样。于是，就这样反反复复，徘徊不前，使得自己落入了一种非常窘迫的境地，将大量的时间放在抱怨上，错过了挑战自我的最佳时间。

出身书香门第的王阳明是幸运的，他的父辈满腹经纶，他自己更是富有才情，是不可多得的人才。众人都以为凭借他的天资和后天的努力，一定能够在会试中脱颖而出。这对于他来说本是顺理成章的事情，但是命运偏偏跟他开了个玩笑，满心斗志的他却意外落榜。这对于看好他的人来说，是一件令人难堪的事情。

这次意外给王阳明带来多大打击我们无从知晓，他做不到无动于衷，但却告诉自己“世以不得第为耻，吾以不得第动心为耻”。在他看来，世人都以我不上榜为耻，而我以不上榜动心为耻。在王阳明看来，既然有上榜之事，就有落榜之事，就好比胜败乃兵家常事，我又何必过分在意呢！你快乐也好，你痛苦也罢，都是你生活的一部分。既然你快乐地过是一天，悲伤地过也是一天，那又何必痛苦呢？只有调整好自己的心态，才能减轻内心的挣扎和痛苦，享受生活。

虽然没有上榜，但他并未因此放弃，而是选择了从容面对，选择了将其当作是命运给他的挑战。五年时间，他走了很多弯路，没有成就大业，但是五年的时间使王阳明的心境足够淡定和坦然，他选择了释怀，选择了泰然处之。虽然身处逆境，却遥看满山花开。他相信有一天，自己的努力会帮自己走过人生这一段泥泞的道路，而这些都会成为他人生的财富。

号称“柳泉居士”的蒲松龄也是一个拥有良好心态的人。出身没落地主家庭的他一生热衷于科举，却始终不得志。19 岁那年，他应童子试，接连考取县、府、道三个第一，名震一时。而他以后考取功名的道路却甚为坎坷，直到 71 岁，他才考取贡生，因此感叹科举制度的不合理。

生不逢时的他没有抱怨时运不济，没有怨恨时代带给他的挑战和坎坷。面对这样的时代，他选择以乐观的心态来面对自己的人生。科举不得志，他就将自己的精力投入到文学创作中，写出了内容丰富的文言短篇小说《聊斋志异》，共 8 卷，491 篇，40 余万字。其作品情节跌宕起伏，文笔精练，被誉为我国古代文言短篇小说中成就最高的作品集。正是他乐观的心态，让他有了如此高的成就，造就了他辉煌的一生。

身处泥泞，遥看满山花开。人生纵然坎坷曲折，纵然满是荆棘，请不要抱怨自己的人生。如果你一直抱怨，那么你会始终走不出这片荆棘。面对坎坷，尝试放下自己的抱怨，告诉自己坦然面对，你的注意力应该集中在如何改变现有的状况，而不是停留在抱怨的魔咒中走不出来。当你抱怨时，你不会想到你会错过改变现实的最佳机遇，所以，请放弃抱怨，坦然面对生活。

身处泥泞，遥看满山花开。每一天都是崭新的世界，每个阶段你都会看到不一样的自己。清晨，推开窗户，你会发现一个完全不同于昨日的新世界展现在你的面前。一切都是新的，你要重新开始，挑战自我，迎接新生。不同的心态决定了你不同的人生道路。所以，你还在等待什么呢？人生最幸福的事情是崭新的开始，而不是徘徊不前。

——《传习录》心学人生——

没有了太阳的天空，会让你感到压抑，但请你相信，这只是暂时的，太阳一定会升起。现在的你，需要让自己的心沉静下来，保持好的心态，你要往远处看，要有展翅高飞的梦想，你会发现，在泥泞过后，满山花开的美艳会冲击你的视觉。这样的人生岂不更令人期待？

5. 心胸狭窄的人会无路可走

王阳明心学中关于人的心态的一个重要思想是人的心胸。在他的心学思想中，一个人一定要心胸宽广。在他看来，一个心胸狭窄的人，无论做什么事情都会斤斤计较，长此以往，自己的发展就会落入狭小的空间里，举步维艰；而一个心胸宽广的人则完全相反，他看到的世界比他人看到的世界更加广阔，他所拥有的也比他人拥有的要多。

心是万物的根本。你的心态在一定程度上决定了你为人处世的原则，决定了你未来的发展方向和前途。你就是最本真的你，你的人生不应该是充满狭隘和偏见的，你要学会广交朋友，你的心胸要像海洋般广阔，要像天空般浩瀚，这样你才能包罗万象，这样你才能在人生的道路上走得更远。心宽广了，路就宽广了，否则你面临的就是无路可走，陷入彷徨以及悲哀的境地。

《三国演义》中的周瑜就是典型的心胸狭窄的人。我们都知道诸葛亮三气周瑜，将周瑜气死了，但其实周瑜是被自己的性格害死的。诚然，周瑜是个很有才华的人，但是山外有山，人外有人，比周瑜更有才能的人肯定有，而他之所以被气死，一个很重要的原因就是他心胸狭窄，嫉妒他人的才能，如果一个人容忍不了比自己强的人，那他的路能走多远呢？面对比自己强大的对手和智者，我们不应该嫉妒，而是应该与其切磋较量，共同进步，提高自己的实力。

诚然，他人比自己优秀，比自己能力强，或者面对他人的过失，我们多多少少都会抱怨。但是，你何不反过来想想呢？他人比你能力强，比你优秀，说明你的进步空间还很大，你应该花更多的时间去赶超他，与他一较高下，而不是停在原地嫉妒他人，这样你将永远无法超过他人。他人犯了错，我们何不选择包容呢？你的包容就是他人疗伤的最佳药剂。如果你没有包容他人，而是始终在这个问题上纠结，到最后你会发现，身边的朋友都会离你而去，你也失去了自己最本真的心态。

这个世界有太多值得我们用宽广的心胸来面对的事情，这个世界本身就是一个包罗万象的世界，是一个需要你我用宽广的心胸来对待自己、对待他人的世界。你的人生里应该多些宽容，少些嫉妒、抱怨和指责，你的人生道路应该因为宽容而变得更加宽阔，而不是因为狭隘而限制了自己的方向，断送了自己的前途。

大千世界，茫茫人海，你是自己的主宰，心是万物的根源。面对人生，如何做一个心胸宽广的人，如何改变自己狭小的心胸，创造更辉煌的人生呢?

第一，阅读一些分析性格类型的书籍，对自己的性格作简单的评定。

看看自己的性格中是否有心胸狭隘的因素，找出你之所以心胸狭隘的关键因素。这对你而言是第一步，也是非常重要的一步。你需要从整体上认识自己的问题，而不是选择逃避。当然，你也可以寻求亲朋好友的帮助，让他们帮你从根本上认识到这个问题的严重性。在清楚这些问题之后，就可以开始下一步的行动了。

第二，在运动中发泄自己的情绪，在大自然中安抚心灵。

你需要找到自己喜欢的运动，在运动中寻找本真的自我，你更需要去看看大自然宽广的心胸。运动是最好的良药，在运动中你整个身体得到放松，所有的烦恼都会抛之脑后，运动完后你的情绪会逐渐平复，找出问题的根源，重新寻找自我。

大自然拥有广阔的胸怀。闲暇之余，拥抱大海，在大草原上自由徜徉，你会发现之前所有的烦恼都会消失。在大自然的熏陶下，你会发现自己的狭隘非常幼稚，你会重新寻求自我，改变自我。

第三，相信自己，踏实改变。

走的路多了，见识广了，你的心态就会发生改变。你要像王阳明一样相信自己，相信自己的人生，多见闻，出良知。

心胸宽广会让你的路越走越远，反之则会限制你的发展，让你的路越走越窄。从现在开始，告别过去，改变自己，做一个心胸宽广的人！

——《传习录》心学人生——

心是万物的根本。我们要有大海般宽广的心胸，包罗万象，在人生的大道上走出自己的辉煌，而不是让狭隘限制了我们前进的方向。

6. 让生活回归简单

"'道之大端易于明白'，此语诚然。顾后之学者忽其易于明白者而弗由，而求其难于明白者以为学，此其所以'道在迩而求诸远，事在易而求诸难'也。"

这段话的意思是说，"道的大的方面容易理解"，这种看法是正确的。只是后世的学者疏忽了那容易理解的道而不去遵循，却把难以明白的作为学问，这正是"道在迩而求诸远，事在易而求诸难"。这是王阳明关于学问和生活的见解。

在王阳明看来，做学问要追求一种"大道至简"的境界。学问如此，生活亦是如此，人的一生更应该如此。你来到人世间，应该享受生活带给你的美好，而不是不厌其烦地追求那些看似光鲜亮丽，实际上却让你疲惫不堪、不知所措的负担。你之所以奔波在财富、地位和成就之间，是因为你的内心少了一份简单的心境，少了一种简单的生活态度。与其因为名誉、财富和地位失去了最本真的快乐，不如用简单的心来追求简单的生活，让简单成为我们生活的主旋律。

苏轼的友人王定国有一名歌女叫柔奴，眉目娟丽，善应对，世代居住京师。王定国被贬岭南时，柔奴毅然相随，多年后又回到京城。苏轼拜访王定国时，问柔奴："岭南的风土应该不好吧？"不料，柔奴却回答道："此心安处，便是吾乡。"也许，在大家看来，岭南并非富庶之地，大家都不愿意前往，但是柔奴却愿意用简单的心态来对待自己的生活和人生。

对柔奴而言，既然去了岭南，无法选择，虽然那里并不富庶，但将其作为自己的故乡不是让心态变好的最好办法吗？岭南偏远荒凉，财富、地位都与我们无关，荒凉之地会使得人变简单，心也越发安定，也就更容易快乐。从岭南归来的柔奴，容貌比以前更显年轻，内心少了浮躁，多了一份安定，这就是心态的力量。

著名作家刘心武曾说："在五光十色的现代世界中，让我们记住一个真理，活得简单才能活得更加自由。"人来到这个世上，应该追求简单、快乐、幸福的生活。一个人的生活是繁忙还是简单，大多是由自己的心态决定的。这个世界有太多诱惑，如果你受到名誉、财富的牵绊，努力追求永不停歇，或许你会得到最想要的东西，但实际上你却错过了很多东西，比如快乐。这样的生活太累了，是你真正想要的生活吗？

简单点，再简单点，简单做人，简单做事，这是一种人生态度，更是一种人生追求。一个人没有那么复杂，你的人生也没有那么复杂。你只需要听从自己的内心，循序渐进地走自己人生的道路就可以了。那些所谓的财富、名誉和地位看似华丽，但是需要你付出的代价太大了，你会因此失去很多东西。到最后，你会发现，你失去的远比你得到的珍贵的多。

王阳明就秉持了这样的人生态度。官场的尔虞我诈让他痛心，被贬贵州让他无奈，但是他选择了简单的人生，选择了安然处之。既然无力改变现实，那何必让自己这么累呢，不如做点自己喜欢做的事情，不如读圣贤书，参透心学的真谛。简单的生活态度让他内心极为安定，循序渐进中他找到了真实的自我，为自己的人生涂上了一道亮丽的色彩。

越简单的生活越精彩。没有了功名利禄的牵绊，没有了势利的眼光，你的人生是如此简单。而简单的生活并非无所事事、一事无成，而是你选择有目的的生活，不受其他因素和外界的影响。你要保证有充分的时间去做自己想做的事情，而不是让其他事情占据你大部分时间，时光流逝，你却一事无成。

简单是生活的真谛，更是生活的艺术。你要学会回归简单，回归自然，找回那个最朴实、最真实的自己。学会放松，学会给自己放假，每个阶段都要给自己留足够的时间，去陪陪家人，去度假，去提升自我，去做自己想做的事情，这才是简单的生活。

——《传习录》心学人生——

简化你的生活，这是让你生活简单的第一步。简单点，再简单点，不受世俗利益的牵绊，寻求最本真的自我，回归本性，听从内心的声音。

7. 空心，才能容万物

圣人之所以为圣，只是其心存乎天理而无人欲之杂，犹精金之所以为精，但以其成色足而无铜铅之杂也。在王阳明看来，圣人之所以成为圣人，是因为其没有欲望杂念的牵绊。纯金之所以为纯金，是因为其成色而不是因为其分量。王阳明以纯金作比较，意在说明圣人比凡人的高明之处并非在于他的才能比其他人高，而在于其一颗只存天理而无杂念的空明之心。

天地万物，因为虚空而包容一切，所以我们才能看到日月星河的环绕，蓝天白云在我们眼前，才能看到草原土地在我们脚下。高山因其积少成多而成就其伟大，大海因其汇集江河而成就其宽广。海纳百川，有容乃大。王阳明所说的空心，是指内心无物羁绊，不受世俗利益等牵绊。修身养性的最高境界，便是腾空自己的内心，只有这样才能做到包容万物。

放下繁忙的工作，置身于安静的空间里，卸掉内心的包袱，解除外界的条条框框，让自己的内心逐渐放松，将自己的内心逐渐腾空，柔软自己的内心，就能在修心中包含万物，洞察世间，达到真正心中万有，有人有物，有天有地，知晓一切，运用自如，放松自我的境界。

空心才能包容万物。就好比茶杯空了，我们才可以倒进茶水，口袋空了，我们才能放进去钱财一样。人的五脏六腑等器官只有空了，才能健康地生活。你与他人之间的真心对话，只有双方坐下来，安安静静地用心交流，才能进行下去，任何一方封闭自己的内心都会使得双方的对话受到阻碍。所以，空心对于我们而言是非常重要的。

一个人将自己的内心真正安定下来，学会倾听自己内心的声音，就会发现自己内心的潜力，也许你之前百思不得其解的事情，现在变得很容易、很简单，所有的烦恼也都消失殆尽。一个人的内心真正空了，就会发现自己的心灵在逐步得到解脱，内心的情感极为真挚和丰富，内心所感受到的万物也远远超出自己肉眼所能看到的。因此，与其让自己的内心受杂物的牵绊，不如学会放下，掏空自己的内心，获得心灵真正的解放，达到真正的自我。

但是，在王阳明看来，在这纷扰的世间，特别是他所生活的那个时代，大家都为功名利禄挤破了脑袋，都在为得到皇上的重用而努力奔波，想要空心并非易事。而王阳明之所以能够做到，关键在于他的人生态度和志向。他不为功名牵绊，科举失败、他人诋毁，他都不在乎；他不受外界声音干扰，就算生活再苦，也要实现自己人生的目标。而他的空心也为自己带来了诸多财富，他的内心有高山般伟岸，大海般广阔，容天下能容之事，不斤斤计较，最终成为一代心学大师。

境由心生，人们常常因为各种琐事以及外在的环境而烦恼，自己的内心也禁锢于狭隘的笼子里。一个人只有看清自己的真心，找到问题所在，解开心中的症结，才能真正将自己的心灵放空。而内心的死结，就好比稻田中的杂草，倘若你能铲除心中的杂草，必将得到一个丰收之年。

你铲除杂草并不需要依靠蛮力，而是要学会在心中播撒爱的种子，用饱满的热情和态度来对抗杂草，达到真我的境界。每个人的内心都像一座花园，关键在于你如何去打理，铲除心中的杂草，播下爱的种子，才能收获美丽快乐的人生。

你要学会腾空自己的内心，做自己心灵的主人，这样才能包容万物，收获幸福。人生活在世上，没有那么多事情值得牵挂，收拾自己的内心，整合自己的心境，寻求真正的自我，过自己想过的生活。

——《传习录》心学人生——

空心才能包容万物，容天下难容之事。我们应该放松自己，为自己的心灵腾出足够的空间，这样收获美好的明天。

学会包容，学会空心，学会做最真实的自己。人因空心而越发空明，人生因空心而越发包容万物，越发光明。

第五章

静心

静坐察己过，他人是非与我何干

眼不明心不亮，所以人常常只见他人过失，不见自己缺漏。独自一人时，何不静静坐下来反省自己，好好想想自己的过错和不足。与其谈论他人是非，不如潜心修炼自己的心性。

1. 先静坐再自我反省

龙场悟道，王阳明参透心学真谛，在他看来，心学要有所成就，就要做到心外无物。事在人为，做事必须用心。如果你真的用心了，那么这件事情就会存在于你内心里；如果你没有动心，那么这件事情是不存在的。人世间的喜怒哀乐也好，烦恼忧愁也罢，都是人动心的结果，都是因为你动了不该动的心。而一切外在的和平安静，都是因为你没有动心，在你的心外，你可以当作什么事情都没有发生。

在王阳明看来，一个人只有先静下心来才能坐而悟道。初学时心猿意马，拴缚不定，其所思虑，多是人欲一边。故且教之静坐，息思虑。他强调当初参悟心学时，受各种因素的影响，注意力不能集中，受到各种事情的牵绊，这大多与人的欲望有关，所以要先学会静坐，认真考虑，反思自己，只有不断地自我反省，才能不断地超越自己。

在龙场时，王阳明养成了静坐的习惯。每每空闲之时，王阳明就会找个清净的地方端坐下来，闭目养神，反省自己，消除一切烦恼和忧愁，给自己心灵得以释放的时间和空间。而静坐也成为其生活不可或缺的一部分，他告诉弟子，一个人一定要学会自我反省、自我检查，而最好的办法就是静坐。因为在静坐时，一个人的心情会逐渐放松下来，没有任何外在因素的打扰，你内心是极为安定的，心是不动的。

其实，静坐这一方式，可能来源于佛家的“禅坐”与道家的“坐忘”，是佛家和道家门徒的一门必修课。静坐在儒家也有，孔子的弟子颜回就经常静坐，在静坐中培养自己的心性，并得到孔子的极力赞赏。朱熹也曾告诉自己的弟子，每天用一半的时间用来读书，一半的时间用来静坐，可见静坐的重要性。静坐不仅仅能使人扫去一天的忧愁和烦恼，而且会使人的心情更加沉稳和安定。

国外的许多科学家对静坐的方式进行过系统的研究，他们发现，当一个人处于静坐状态时，身体的器官就会进入无比放松的状态，内心也会变得非常平静，这对于强身健体、防治疾病、延缓衰老都有非常好的作用。可见，静坐具有很多积极的影响，除了对身体的积极影响之外，更重要的是对心理的影响。

王阳明在静坐中，获得了许多感悟，参透了许多真理，明白了心学的真谛。但是，他更强调静坐之后的行为，即自我反省。

每一天，你都处于快节奏的生活状态，没有时间安下心来想一想自己今天的生活过得怎么样，没有时间进行反思，反思自己为何烦恼。因此，你需要静下心来，给自己留出足够的时间和空间，为自己的心灵上一堂静态课。

下班之后，不妨关掉手机，在安静的书房，放一首舒缓的音乐，想一想今天工作中存在哪些问题，为什么简单的任务却没做好，为什么同样的任务，同事比自己完成得要出色许多。对自己进行反思，反思生活中的烦恼，找出症结所在，然后给明天定一个小小的目标，期许明天会有进步和成功。这样，你才能每天都过得很充实，每天都有进步，到年底你会发现有意外的惊喜和收获。

你无须质疑自己，金无足赤人无完人。有了问题就要勇敢面对，就要勇敢承担。你无须抱怨人生对你的考验，同样的失败你要学会反思，避免下一次踏进同一条河流。你不能停滞不前，大胆地走下去，每个人都是在不断反省中获得进步、收获成功的，所以，你要勇敢地面对，迎接挑战。

扔掉沉重的书包，放弃工作的负担，关掉所有社交软件，学会静坐，学会反思，在静坐中寻求最本真的自我。

——《传习录》心学人生——

静坐不仅仅是放松身心的极好方式，更重要的是，在静坐中一个人能学会反省，反省自己的问题所在，反省自己的内心，在静坐中不断突破自己，不断寻求自我，达到真正心外无物的境界。

2. 察己过修心境

“省察是有事时存养，存养是无事时省察。”这句话出自王阳明的传习录。这句话的意思是说，省察是有事时的存养，存养是无事时的省察。王阳明的这句话告诉我们，一个人如果不能看清自己，就很容易走入骄傲自满的陷阱。一个骄傲自满的人就是不愿意听从他人的任何批评和意见的，也不愿意吸取经验教训，长此以往就会故步自封、停滞不前。

一个没有自知之明的人，往往会觉得自己所做的事情都是对的，无法摆正自己的位置，找不准人生起航的起点，连自己乘坐的小船也不能很好地驾驭。而一个人如何了解自己呢？那就需要进行对自我的省察。在王阳明看来，就算一个资质不聪颖的人，如果能够不定时地自我反省，那么他的潜力就会发挥出来，他的人生就会越走越宽，内心的柔弱也会转化为坚强。

王阳明认为，如果要发挥“省察克治”的作用，就需要一个人不间断地进行自我反思，在自我反思的过程中，发现自己存在的问题，不断地提醒自己人生应该努力的方向和道路。而我们在自我省察的过程中，最重要的是要学会抵制外界的诱惑，克服内心对外界的私欲，这样才能做到修心。

王阳明的这一主张，实际上是将人的主观能动性与提升心性结合了起来，以达到一种至高无上的境界。王阳明在前人的基础上，创造了省察克治的方法，要求时时对自己的言行举止进行检查，一方面是看看自己的真正问题在哪里，另一方面是检查自己是否有违背良知和道德的行为。

一日，王阳明在教授弟子心学之道时，众弟子就学习功夫的问题展开了激烈的争论，每个人都各执一词，丝毫没有妥协的意思。王阳明见状，告诉自己的弟子，为人师表最困难的，是过度注重某些方面，身为人师，应该根据学生的个体差异进行教学。对于初学者来说，他们无法安心学习的关键原因在于想得太多，无法安定自己的内心。

当老师面对这样的学生时，应该教其学习的态度和方法，而并非知识。你要让他通过静坐的方式进行反思，去除自己内心的私欲，找到不能安心学习的真正原因。待到他心无旁骛时，再教他知识。更重要的是，这是一个长期的功夫，即使他现在已经学到了很多知识，还要让他学会省察自治，将自己的私欲诸如贪婪等消除，只有这样，他才能够安心学习，取得好成绩。

其实王阳明所说的省察自治就是反省自己、努力克制自己各种各样的私欲，是一种存善去恶的好办法。在王阳明的心学主张中，一个人想要修身养性，提升自己的道德水平和良知，就需要不间断地进行自我反省，通过自我反省，检查自己道德上的善恶，弃恶从善。更重要的是，一个人在自我省察时，能够发现什么是好的性格、好的人格和好的品格，在以后的生活中按照这样的标准要求自己，必然能成为一个优秀的人、一个有良知的人。

学会省察，不仅仅是对自己的肯定，更是一种让自己不断进步的好办法。在自我反省中，我们毫无防备地将自己展现在自己面前，静下心来进行自我剖析和反思，找出自己道德上的问题，分清楚善恶，然后朝着好的方向努力，进而达到修身养性的目的。

放下你的骄傲，听听别人的批评和建议，放下你的防备，在自我面前卸下伪装，认识一个崭新的自己。在真实的自我省察中，你会学会放松，学会分辨善恶良知，知道自己努力的方向，这样才能在人生的道路上越走越远，在真正意义上实现自我的价值。

——《传习录》心学人生——

学会自我省察不仅仅是进行自我剖析的过程，更是自我认识、自我改变的过程。在自我省察中，你认识了一个全新的自己，清楚了善恶的代名词，明白了优秀的人格，进行了自我的提升，从而成为一个高尚的人、一个有道德情操的人、一个有良知的人。

3. 他人是非莫放心上

如果是他人的过错，那自己何必要放在心上呢？何必用他人的错误来惩罚自己，让自己不开心呢？在王阳明看来，在与他人相处的过程中，如果确定是他人的过错，请不要放在心上，我们的内心是由我们自己主宰的，心外无物，才能到达最高的境界。一个人的内心应该足够坦然、足够宽容，只有这样才能做一个足够快乐的人，而不是永远活在别人的世界里，自己郁郁寡欢，这样的你不明智，更不理智。

王阳明的弟子曾问他如何看待人的愤怒等情绪。王阳明告诉弟子，诸如愤怒、恐惧等情绪，每个人心中都有，而在有些情况下你是不应该有的，诸如如果这件事情是他人的过错，那你又何必放在心上呢？当一个人将他人的过错放在心上时，就会变得感情用事，完全被情绪所控制，也会失去了自身的本体。因此，面对有些事情，你只要学会顺其自然，不去过分在意。

王阳明给学生讲了一个例子。一天，你心情大好，觉得整个世界都是美好的，但是，没想到你出门看到有人在打架，这无意间就会影响你的心情。打架肯定有一方是错的，你对错的一方感到非常愤怒。虽然你感到愤怒，但是你要秉持坦然的心态，在这样的心态下你才能学会坦然地面对其他事情，修身养性。

王阳明的这个例子是告诉弟子，人应该学会大度，学会宽容，学会坦然，不要将他人的是非放在自己的心上，使自己陷入狭小的空间，陷入无限的痛苦和自怨自艾中。王阳明在讲学时遇到过让他极为无奈的事情，但是他并没有用他人的错误来惩罚自己，而是选择了坦然面对，不将他人是非对错放在心上，一笑而过。

王阳明有一次去外地讲学，途中要借宿，可王阳明和弟子刚刚踏入客栈，就被赶了出来，这令王阳明百思不得其解。但是王阳明心想，既然是客栈主人的问题，并非我的问题，我又何必放在心上呢？后来，王阳明才了解了事情的真相。

原来，当地的官员打算在客栈接待王阳明，不允许其他人入住，而客栈老板并不认识王阳明，王阳明也没有告知老板自己的身份，所以他才被赶了出来。王阳明被赶出来后没有愤怒，拿着自己的行李转身投宿于另一家客栈。接待的官员等不到王阳明，便向老板交代如果王阳明前来入住，就派人告知。老板告知官员，客栈没有其他人住宿，其他人都被赶走了，老板并没想到他刚刚赶走的人正是王阳明。

第二天，官员在另一家客栈找到了王阳明。原来那家客栈的老板见到王阳明甚是羞愧，官员打算惩罚那个客栈的老板，没想到却被王阳明拦了下来，王阳明告诉官员，我在这里住得很舒服，这件事情我并没有放在心上，你又何必斤斤计较呢？昨天的事情我什么也不记了，你也不要惩罚那家客栈的老板了，人要学会大度，学会宽容，学会坦然。

王阳明对人处世的态度让官员深感敬佩，而他不将他人过失放在心上更是一种难得的境界。既然是他人的过错，又何必去追究呢？既然人人都有犯错的时候，何不选择宽容大度呢？既然是他人的过错，事情都过去了，你又何必一直放在心上，给自己找不痛快呢？

每个人都会犯错，不要过分纠结，给自己内心找不痛快，与其为此纠结不痛快，不如给自己的心情放个假，将其抛之脑后，开始崭新的明天。人的一生会遇见很多人，遇见很多事，如果我们事事都锱铢必较，那岂不是我们人生的一种悲哀。每个人的一天都应该在快乐中度过，你与你的朋友应该在和谐中度过，而不是一直纠缠是非对错。

——《传习录》心学人生——

没有必要去计较是非对错，你的人生还有更重要的事情要做，你要学会宽容，学会大度，学会从容，学会坦然。你更要学会不将他人的是非放在心上，做一个快乐的人。

4. 闭口不论他人事

静坐常思自己过，闲谈莫论他人非。每个人都是自己的主体，每个人都有自己的处世方式，与其谈论别人的人生，讨论他人的过错，不如花点时间反思自己的人生，自我反省。你就是你，一个独一无二的你，你要学会在静坐中不断地反思自己，而不是热衷于谈论他人的过错，对他人的行为指指点点。

在王阳明看来，以言语谤人，是肤浅的。所有让你感到不满的事情，都是由于他人和外在环境的力量造成的，而你花大把时间去评价他人，谈论他人的过错，实际上这是自身道德修养不够，内心不够坚定的一种表现。所以，你应该将自己的注意力和焦点转移，从他人身上转移到自己的内心上，从自身找问题，进行自我反省。就算客观世界我们无力改变，我们的心也会因此而变得更加从容。一个人的内心从容与否由自己内心的力量决定的。

但是，我们要做到闭口不论他人是非是相当难的事情。利益的较量、职位的争夺、财富的增加、八卦等等都会成为大家茶余饭后谈论的话题。有时候就难免会谈论某个人的缺点，谈论某个人的是非对错，将其缺点和是非无限放大，将其说得一无是处。其实，这样的谈论既是自己内心不坚定的表现，也是一种没有风度的表现。

我们都忽略了一个问题，即每个人的个体差异。花无百日红，人无千日好。一个经常谈论他人是非的人，其实也是一个是非之人。我们花时间谈论他人的是非过错，反射到我们的脑海里，我们每天想的都是是非，你会发现我们的自我意识中经常存在一些是非之事，甚至有一天你会做出违背本心的事情。

而谈论他人之事的人，谈论他人是非的人，也会给自己带来不好的影响。这个世界上没有不透风的墙，工作场合你谈论他人多了，不仅不利于你和同事的关系，而且也不利于团队和谐。在工作时，你会自然不自然地携带负面情绪，长此以往会影响到你的工作效率，影响到你的工作前程，因此，每个人都要注重自身品德的修养。

你要做一个品德高尚的人。每个人都有自己的做事手段和方法，每个人都有自己的生活圈子，每个人都有自己的优缺点，这个世界因个体差异的存在而包罗万象、丰富多彩。所以，你没有必要去评论他人的是非对错。与其花大把时间去评价他人，不如花点时间静下心来为自己的心田浇一瓢水，弥补自身的不足，过好自己的人生。

你要做一个品德高尚的人。一个经常谈论他人是非的人，必定是一个内心不坚定的人。你经常想着谈论他人的过错，那你在日常生活和工作中也会自然而然地带有是非观。这样的负面情绪不仅会影响你的心态，长久以往还会影响你的人际交往，影响你对是非的判断能力。慢慢地，你会发现自己对善恶的界定愈加模糊，从而找不到修心的路。

你要做一个品德高尚的人。与其谈论他人的是非过错，不如静下心来多反省自己。他人既不能决定你的人生，也不能决定你的品格。所以，你需要像王阳明说的那样，静下心来，静坐时反省自己的过错，让自己的修养提升一个平台，而不是花时间去评判他人，要知道这些对你品性的提高并无裨益。所以，还是静下心来，评判自己，反省自己吧！

在静坐中反省自己，给善恶重新定义，清楚自己的位置和应该努力的方向，而不是停留在评判他人的旋涡走不出来。你要主宰自己的人生，而不是活在他人的世界。

——《传习录》心学人生——

静坐常思自己过，闲谈莫论他人非。你要学会将注意力聚焦于反省自身的善恶，而不是聚焦于谈论他人的是非。你没有那么多听众，你只需要听从自己内心的声音就可以了。

5. 好话说多不如不说

“以言语谤人，其谤浅。若自己不能身体实践，而徒入耳出口，呶呶度日，是以身谤也，其谤深矣。”

在王阳明看来，用言论诋毁他人，这种诋毁是肤浅的，如果自己不能够身体力行，仅仅停留在言语上，夸夸其谈，就是浪费时间，也相当于是在诽谤自己。王阳明特别强调言语的力量，认为对于言语的把握必须有个度，若只是夸夸其谈，他宁愿选择不说。

你也许觉得自己说的话，都是夸别人的而并非是诋毁别人的，这些话既是你对他人能力的肯定，也能够彰显你能看到别人的闪光点，那为什么不说呢？其实不然，好话说多了就不是好话了，别人会认为你并非是站在客观的立场上评价他，而是在刻意讨好他，敷衍他，所以与其好话说多，还不如不说。

生活在这个世界上，你需要有宽广的心胸，去包容别人犯的错，包容自己犯的错。与其说很多话去请求别人的原谅，不如什么也不说，交给时间去解决，说得太多反而会让你们的关系更加复杂，而且越来越乱。因此，有时候选择沉默，去包容他人，才是最好的解决办法，而不是一味地去讨好他人，让他人原谅你。因为，清者自清，浊者自浊。

也许你习惯了解释，习惯了解释是是非非，认为你解释了，你说了很多话，别人就会相信你。但是有时候你越解释，反而会让人觉得你是一个欲盖弥彰的人。遇到一个不相信你的人，你再怎么解释也无济于事，遇到一个懂得尊重你的人，不用解释，对方也能体谅，这真是人生一件最大的幸事。因为，他可以明白你的真心，就算你什么都不说他也能懂你。

遇到很多人，遇到很多事后，我们就更应该放宽自己的胸怀，用宽广的心胸去接受生活，接受生活的酸甜苦辣。有时候，你要学会释怀，既然他人不愿意听你的解释，也不愿意包容你，那你还不如自己包容自己呢。你宽容了自己，也宽容了对方，何乐而不为呢？所以多说无益，不如保持沉默。

但是，王阳明所主张的不说，并不代表我们没有自我，没有主观意识，而是告诉我们，在坚持自我原则的基础上，明白自己的真心和倾向，而不是随波逐流。无论外在的环境有什么变化，自己内心所坚持的原则都不能发生变化，否则你就无法成为一个言行一致的人。那么我们在面对哪些问题时应该保持自己的原则和底线，做到好话说多不如不说呢？

第一，利益和欲望。

你梦寐以求某些利益，却发现想得到它太难了，为此你不得不在上司面前努力表现自己。其实这个时候，你应该扎扎实实地努力工作，让自己的职位有所提升，而并非竭尽所能地说完了所有夸他的话。要知道，你所谓的好话，其实在上司看来有时候并非基于客观事实，反而从另一个侧面说出了他的缺点和弱势。因此，如果你想得到梦寐以求的升职和加薪，就努力去工作，你的努力终会得到公正的回报。

第二，他人的诋毁。

被他人诋毁时，你会想改变自己在他人心中的印象，认为自己并不是那样的人，你觉得受了委屈。面对这样的情况，你需要先平静自己的心情，告诉自己他人的诋毁只不过说明他是一个内心不够善良、不够坚定的人。因此，与其选择去解释，不如交给时间给你一个公正的答案。

第三，他人的不理解。

别人不理解你，也没有关系，他只是没有与你长时间接触，不了解你。这时，你需要走出自己的世界，让他人慢慢了解你，日久见人心，时间长了大家都会了解你，知道你的为人，你完全不必在别人不理解你时想尽办法告诉他人你有多优秀。有时候，做一个沉默低调的人，是需要我们的耐心和努力的。

王阳明一生都在践行这样的理念，纵然受到他人的诋毁，纵然他人不理解和嫉妒，他都能够保持冷静，因为他有自己的坚持，他清楚自己的原则和底线，而不会一味地纠结别人怎么这样对待我。他选择了沉默，在沉默中蜕变，在沉默中重生。

——《传习录》心学人生——

好话说多不如不说，但并不代表我们没有自己的坚持，没有自己的原则和底线，而是说我们要在沉默中不断改变自己，让自己变得更加优秀。

6. 人仰改过之心

“本心之明，皎如白日，无有有过而不自知者，但患不能改耳。一念改过，当时即得本心。人孰无过，改之为贵。”

王阳明这句话的意思是，本心之明，就好比白日一般皎洁，遵循自己的本心，就一定能察觉到自己的错误，就怕有错而不能改正。做错了只要下决心改正，学会分别善恶，就仍然是一个内心存善的人，一个有良知的人，一个品德高尚的人。

《传习录》中有言：侃多悔。先生曰："悔悟是去病之药，然以改之为贵。若留滞于中，则因药发病。"

王阳明的弟子薛侃，在日常生活中经常做完一件事情后由于各种各样的原因，或不满意，或觉得外在的条件影响了事情原本的结果，而感到非常后悔，为此，王阳明说了这句话。

王阳明这句话的意思是，悔悟是治病也是弥补的最好的办法，但是如果一个人永远停留在悔悟中是远远不够的，比悔悟更重要的，是要学会改正自己的错误。你应该有改过之心，这样你才会在以后的事情中避免犯同样的错误，做事时带着善意，这样就会尽量减少你因后悔带来的身体和心理的创伤。一个人有改过之心就是最大的进步，改过之后你才能认识一个全新的自我，才能不断取得进步。

王阳明与妻子成婚时闹出来的笑话，让妻子以及岳父甚是不满。事后，王阳明进行了深刻的反省，并下定决心要改正，毕竟妻子也是陪伴自己一生的人。在成婚一年后，王阳明带着自己的妻子返回京城。这次回到京城后，父亲王华发现王阳明与以前大不相同了。他变得更加沉稳和安定，再也不是从前那个爱打爱闹贪玩的王阳明。王阳明每天都将大部分时间用在研究古人的经典上，废寝忘食，这令父亲王华甚是满意。

对于我们每个人而言，有改过之心，无论在生活中还是工作中，都是非常重要的。我们总是后悔这项工作完成得不好，没有得到老板的赞赏，后悔不应该与父母吵架，让自己与父母之间的关系变得非常尴尬。实际上，我们后悔代表我们内心有将这件事情做好的愿望，我们有悔过的心，这本来是非常正确的，但是除了悔悟，还有更重要的事，那就是学会改正，改正自己所犯的错误其实并不难。

你有改过之心，就应该静下心来想想这份工作为什么完成得不好，为什么在小问题上犯错，是最近状态出了问题，还是没把这份工作当回事，这些都会成为你下次完成另一份工作时应该注意的问题。如果你能总结出自己存在的问题，找出问题的症结，并在做下一份工作之前，提醒自己存在的问题，并不断地改进，你会发现下一次你会收获惊喜。

你有改过之心，就应该静下心来想想，为什么要跟父母吵架，可怜天下父母心，即便你现在觉得自己是对的，但随着年龄的增长，你会发现自己与父母争吵是非常幼稚的行为，你的行为伤了他们的心。所以，你不仅要进行悔悟反思，还要从言语行动上改正自己的错误。跟父母说声对不起，说声我爱你，融化小小的隔阂，为他们做些力所能及的事情，也许是一顿丰盛的午餐，也许是与父母说说心里话，都会让父母觉得你长大了。

每个人都应该有改过之心，而不是一直停留在抱怨的状态。也许你后悔了反思了，这是你有改过之心的第一步，但是你要努力践行自己的这些信念，将其转换为行动。一个人有了改过之心，在未来的日子里才能更加努力，为自己的未来拼搏。

——《传习录》心学人生——

人要有改过之心，这样才能在反思和悔悟中明白努力的方向，明白前进的方向。一个人懂了错在哪里，所犯之错究竟是什么，才能在万千道路中走出一条属于自己人生之路，而这不正是我们每个人所期盼的吗？

7. 谨慎心三思后言

古人云："三思而后行。"这句话告诉我们，在做一件事情之前，一定要经过再三的思考再去做，在行动之前一定要经过深思熟虑，这样才能取得更好的效果。而王阳明认为，一个人不仅要谨慎，三思而言更加重要。

在王阳明看来，行要三思，言亦要三思。言行都是人的举止的一部分，只不过一个是人的嘴巴说的话，一个是人的肢体做的动作。一个人的想法通过嘴这个媒介来转述给他人，而人的肢体则将想法变为现实。人的想法是第一位的，通过思考表现出来。所以，一个人所说的话好不好，归根结底在于他的内心及大脑思考的结果。

你是否是一个谨慎的人？在与别人发生争执时，你该如何小心翼翼地处理你们之间的关系？首先，你需要对你们之间的关系做一个定位，是父母师长，还是朋友，还是陌生人。在定位好之后，你就会明白该如何通过自己的话语来解决面临的问题，你是需要用温和的语气，还是需要用批评的口吻，抑或是用友好坦然的态度，来处理你们之间的关系。在进行谨慎的定位之后，你会发现处理起来并不难。

你是否是一个经常思考的人？在进行一场面试时，考官给了你一个问题，让你认真作答，你到底该如何回答才能博得主考官的欢心，赢得这场面试。这就需要你的大脑进行飞速的运转，思考面试官所给的题目隐藏的含义以及他内心真正想要的是什么。你拿到题目之后，不要着急给出答案，不要认为越快给出答案越好，一定要慎重再慎重。人只有经过思考才会变得明智，也许你不是最快的，但是你说的话、你给出的答案，却是最精彩的，最能吸引考官注意的。

如果时间充足，那么你完全没有必要脱口而出，你思考的时间要在允许的范围内尽可能地长。有些人的脑子转得非常快，在遇到事情时能够彰显才思敏捷的智慧，脱口而出，但是这并不代表他的想法和言语就是最好的。有时候，祸从口出，会给自己带来不堪设想的后果，最后后悔都来不及了。有一个笑话就阐释了不思考所带来的后果。

春秋时代，越国有一个人过生日，大摆宴席，宴请宾客，场面好不热闹。时近中午，眼看着就要开席了，客人还没有到齐。主人于是自言自语地说：“该来的怎么还没来？”听到这句话，有一些客人便想：“该来的还没来？那我是不该来的吧！”于是纷纷起身告辞。主人很后悔自己说错了话，脱口而出：“不该走的又走了！”剩下来的一些客人听后，心想：“不该走的又走了？那我是该走的啰！”于是纷纷起身离去。最后只剩下主人一位相交多年的老朋友。老朋友责怪他说：“你看你，真不会说话，把客人都气走了。”主人理直气壮地向老朋友辩解道：“我并不是说他们，谁让他们这么小气呢。”老朋友一听，顿时心头火起：“不是说他们！那你是说我了！”于是长叹一口气，也走了。结果客人都走光了，好好的生日宴会被弄得不欢而散，而主人后悔已经来不及了。

所以，我们不仅要学会谨慎，更要学会三思。一个人在表达自己的想法和心情时，先要平复自己的情绪，告诉自己不要着急，不要慌乱，在淡定和平稳中表达自己的想法。我们要学会动用自己大脑的力量，运转自己的大脑，寻找最合理的答案。

另外，你也必须注意与人说话的口气和方式，要根据不同人的性格和身份来表达自己的想法和观点，而不是任由自己的脾气和性格随意发挥，这样会得不偿失的。是应该委婉地说，还是应该直截了当地说，这都是你应该思考的问题。一个有谨慎心，三思而后言的人，才是真正的智者。

——《传习录》心学人生——

谨慎心，三思而后言，是衡量一个人的内心是否坚定沉稳的标尺。你开口前准备好要做什么了吗？学会淡定，学会沉稳，学会三思而后言。

8. 人错则需省己

人非圣贤，孰能无过？错了就应该反省自己，在反思中弄明白自己的错误，弄明白自己错在哪里，在反省中明白善恶，这样才能不断进步。

从古至今，从来没有出现过十全十美、一生都不会犯错的人。每个人生活在这个世界上，都会因为各种各样的事，各种主观和客观因素的影响，有意识或者无意识地犯这样或那样的错误。

在王阳明看来，像孔子、孟子这样的大圣人，都是在犯错之后不断自我反省，在自我反省中认识到自己的问题，并且知错就改，才成为圣人的，更何况我们普通人呢？其实，犯错并不可怕，关键在于，你敢不敢在错误面前反思自己，敢不敢勇于承认、勇敢面对。王阳明指出，一个人敢于在意识到自己的错误之后，反省自己，认识到自己的错误之后及时改正，这样的人才会得到他人的尊重，才能成为君子。

王阳明在给弟子传授心学时，曾经给弟子们讲过这样一个故事，让弟子在内心深刻感受反省的力量。据说东吴年间，在今江苏宜兴地区，当地居民非常畏惧三样东西，分别为：周处、蛟龙和猛虎。其中，周处位居“榜首”，他是一个身强体壮、力大无穷之人，在乡间横行霸道，烧杀抢掠，无恶不作。人们对他的态度都是“我惹不起还躲不起吗”。所以，大家将他与蛟龙、猛虎并称为义兴“三害”。

有一天，周处在田间游玩，当时他心情大好，却发现一位老人坐在庄稼地里唉声叹气，他觉得这个老头太煞风景，破坏了自己的好心情。于是，他怒气冲冲地走到老人跟前，问道：“老头，你为什么唉声叹气呀？你看这么好的风景，而且今年的庄稼也丰收了，你应该高兴啊！你在这里唉声叹气真是影响我的心情！”

老者并没有认出来是周处，就告诉周处：“你不知道我们义兴有三害吗？这第一害还好说，他不致去杀人。这第二害和第三害就是东河的蛟龙和南山的猛虎，这两害中一害不除，我们就无法生活下去，无法过上幸福的生活。我的孙子，跟你年纪差不多，就是活生生地被南山的猛虎吃掉的，我的儿子则是活生生地被东河的蛟龙咬死的。”说完，老人泣不成声。

周处听完之后，回到家中进行了认真的反省，认识到自己以前所做的事都是恶意的，他必须做一些事情来改变人们对他的认识。于是，他带上弓箭前往南山，将猛虎射死，紧接着又赶往东河，与蛟龙展开激烈的搏斗，最后凭借自己的智慧和力量杀死了蛟龙，为义兴除去两害。

周处杀死两害之后，百姓纷纷来周处家表示感谢。周处羞愧地低下头，为自己以前做的事后悔不已，并决定痛改前非。他不断反省，不断战胜自己心中的恶意，最终赢得了人们的喜爱和尊重。

王阳明借周处的事情告诉我们，一个人犯了错误必须主动学会反省，在反省的过程中重新进行自我定位，勇敢地接受自己所犯的错，在反思中磨炼自己的心性。反思之后，不断改正自己的错误，并在下次遇到同样的事时避免犯同样的错误。知错就改，学会反省，学会反思，学会在反省中直面自己的人生，这才是人生应该有的正确态度。

人非圣贤，孰能无过。你要学会反省，在反省中获得新的感知，在反省中超越自己，成就自己。

——《传习录》心学人生——

一个不知反省、知错不改的人，不仅得不到他人的认可，自己也不会取得进步。人生在世都会犯错，要学会自我反省，学会知错就改。每个人都要学会正视自己的错误，主动承认，及时改正，才能更好地进步。

第六章

动心

心外皆是空，少动心还要多用心

心即是理，名利、荣誉、苦难，这些心外之物不过是虚空，对于这些虚空之物，又何必动心呢！心动，则外部荆棘丛生，轻则烦恼生，重则身心俱伤，少动心才是人生正道。用心修行，人生自然得清净。

1. 心外无物莫动心

王阳明在教授弟子时，弟子曾问过他这样一句话。弟子问王阳明："孟子之不动心与告子异。"弟子认为孟子所说的"不动心"与告子的有所不同。王阳明思考片刻，告诉弟子："告子是硬把捉着此心，要他不动；孟子却是集义到自然不动。"紧接着，王阳明又说："心之本体原自不动。心之本体即是性，性即是理，性元不动，理元不动。集义是复其心之本体。"

这是王阳明在和弟子讨论关于孟子与告子在"不动心"上的差别。王阳明认为，二者所主张的"不动心"有本质上的区别。孟子所主张的不动心是建立在道义和道德基础上的，需要心中充满道义，在此基础之上让心逐渐沉稳和安定；而告子却认为自己的心是自己把握的，只有自己掌握了才能体会自己内心的真实感受，才能不为所动。

后来，王阳明又告诉弟子，心的本原就是不为所动。心的本体是性，而性则是理，如果性不动了，那理自然不为所动。一个人要内心充满道义，正能量是人心的本体。在王阳明看来，心是一切事物的本源和本体，而你不仅应做到心内无物，更应做到心外无物，保持良好的道德情操和道义，这样才能做到真正意义上的不动心，达到致良知的最高境界。

在王阳明看来，不动心可以发挥人最大的潜能，无论何时何地不动心都能够使你快速融入身处的环境，更容易接受客观事物，在陌生的环境中发挥真正的才能和实力。这样的你，才会慢慢在这个世界上找到一条适合你生存的道路，而不至于生活在懊悔和埋怨中。

在现在这个快节奏和浮躁的年代，之所以很多人无法做到不动心，不仅仅是受外界环境的影响，更是我们内心本身的作用。我们所生活的空间有褒扬、有批评、有诋毁、有指责，而所有这些使得我们的内心被遮蔽，使我们的本心无法发挥真正的力量。置身于社会这个大环境中，倘若能够摒弃各种利益和欲望的诱惑，能够保持一颗纯真的心，顺应各种事物发展的规律，那么自身的心就会按照既定方向作出自己的判断，这会不断地激发内心的良知，从而指导我们的人生方向。

相对而言，王阳明更加赞同孟子的观点，而且在现实生活中，他也如孟子一样追求不动心，力求做一名真正的智者。王阳明认为，既然你无力改变外部的环境，那就不如利用外部环境来磨炼自己的心性。这一点，可以从王阳明对待学生陆澄病重的儿子这件事上体现出来。

当时陆澄正跟随王阳明苦心学习，有一天王阳明发现陆澄状态不对，满怀忧伤，就问陆澄为何这几天这么悲伤。陆澄告诉老师："我收到了家中的来信，妻子告诉我儿子病重，我非常忧伤和难过。"

听到陆澄的回答，王阳明也表示难过和惋惜。看到陆澄伤心欲绝，王阳明告诉他："如果听到这样的消息你不感到悲伤是不可能的，而且也是不对的，但是，你应该将此当作磨炼心性的绝好的机会。如果你在此时放弃了，那么之前你所有的努力都会前功尽弃，你需要放手一搏，在这样的情况下更加努力学习，磨炼自己的心性。只有这样，你才能超越你与儿子之间的感情，达到真正的心灵超然。"

人有悲欢离合，月有阴晴圆缺。外在的环境无法改变，这就需要我们保持一颗本真的心，保持不动心，不大喜大悲不乱手脚，努力适应不同的环境，听从自己的内心，达到一种至高无上的境界。

——《传习录》心学人生——

人之心为本体，心外无物莫动心。王阳明的心学告诉我们，要想适应快速发展的时代，就必须在竞争激烈的时代中学会磨炼自己的心性，保持自己的本心，做到不动心，做一个致良知的人，一个道德高尚的人。

2. 名利好，动心则烦恼

王阳明一生功绩卓越，他不仅是一位心学大师，还努力履行自己身为大明臣子的职责。在他看来，功名利禄虽然可以让自己拥有光环，但是切不可因此而动了心。一个人在官场，要始终保持自己的本心，否则就会像刘瑾那样被功名利禄蒙蔽了双眼和心智，最后死在权力的尖刀之下。

王阳明出生在明朝动荡的时代是不幸的，终于考取功名，本以为可以在官场实现自己的伟大志向，没想到迎接他的却是各种挑战。他人的猜忌和记恨使得王阳明心力交瘁，也正是因为他的不贪功使得放下姿态，委屈自己成全别人。他都能够坦然面对功名利禄，不争功，不记恨，堪称楷模，也是君子。

也许，有人会认为，当官不就是为了功名利禄吗？自古以来，功名利禄，似乎是大多数人一辈子的梦想，但是在王阳明看来，一个人心里不能只存功与名，如果是这样，那么他的本心就坏了。这样的人归根结底是一个自私的人、一个没有道德的人，这样的人，利欲熏心，失去了自己做人做事的基本准则。因此，一个人首先要学会抵制欲望的蔓延。王阳明提倡内心清明，提倡心不受名利的牵绊，只有这样，才能在官场中保守自己的本心，做一个对得起自己良心的官员。

不能否认，有些人会因为自己一时的贪欲走向歧途，从此再也找不回那个最初的自己。我们生活在充满爱的世界上，千万不要因为名利而失去了自己的爱心和良心，更不要打感情牌，用感情买卖所有利益，否则到最后你会发现，身边的人都离你远去，而你丢掉了自己。这样的人生是悲哀的，这样的人是可怜的。我们的人生除了功名利禄，还有很多值得追求的事情，不是吗？

王阳明的一生用“劳苦功高”四个字来形容恰如其分，可是现实对他却是不公的。被贬贵州，被抢功劳，都没有使王阳明自乱阵脚，他觉得只要自己的所作所为能够拯救大明，对大明有益，大家都是大明的官员，又何必纠结这是谁的功劳呢？

王阳明劳古功高，却受到大明的“虐待”，但是无论何时他都不改初心，不放弃，也不丢弃自己对朝廷、对百姓的忠心。大臣们嫉妒他的才能，并想尽办法打压他，他都不介意，在大明的官场里他学会了隐忍，选择了默默付出。为了国家的安定与百姓的安乐，他不惧打击和诋毁，终究走出了一条属于自己的康庄大道。他的所有努力和付出都在历史上留下了烙印，他相信历史自有公断。

一个人能够在官场中始终保持自己的本心是难能可贵的，他不贪功，不追逐名利，终究成为一代圣人。他坚持正义，伸张正义，成为大家尊重的君子。这就是王阳明用自己的人生告诉我们的真理。

不能否认，名利确实是好东西，但是当你真正拥有了它之后，千万不要让它成为你生活的主宰，如果你一味地追求功名利禄，到最后你会发现，这样的你是可悲的，你的人生除了功名利禄再也没有其他东西，所谓的快乐和幸福都会离你远去。

王阳明的一生都在努力坚持自己的本心，他做到了在其位谋其政，从来都不愧对自己的良心。无论是在朝廷重用他时，还是在他受到朝廷的打压时，他都能将功利置之度外，这份坦然与豁达值得我们每个人学习。他的内心有一杆秤，时时刻刻在衡量着他的言行举止，这样的人生才更加有价值。

——《传习录》心学人生——

名利虽好，许多人望尘莫及，但当你真正拥有它的时候，记得一定要不忘初心，始终保持最初的心态，做到不动心，不为利扰。只有这样，你才能走出属于自己的人生道路，而不是因为利益丢失了自己最本真的东西。

3. 荣辱毁誉皆浮云

“自经此大利害、大毁誉过来，一切得丧荣辱，真如飘风之过耳，奚足以动吾一念？今日虽成此事功，亦不过一时良知之应迹，过眼便为浮云，已忘之矣！”

这句话是王阳明平定宁王之乱后，回顾这件事时说的一句话。这句话意思是：自此经过功名利禄、毁誉的考验，一切得失荣辱都好似一阵清风从耳旁飘过，这又怎么能改变我一直以来的想法，怎么能改变我的本心呢？如今这件事情虽然成功了，但这只不过是暂时的，只是我内心的良知应对的结果。便如过眼云烟，我早就忘了！

明朝正德六年（公元 1511 年），宁王有了造反的念头。这一年严重的旱灾使百姓生活在水深火热之中，普天之下的百姓将希望都寄托在皇帝身上，但是皇帝不但不体恤百姓，还肆意增加地租和赋税，使得陷入饥荒的百姓雪上加霜，社会动荡不安，不少地方发生了动乱，农民纷纷揭竿而起，要为自己的利益而斗争。

这无疑给了身居江西的宁王朱宸濠以叛乱的口实。他为此次叛乱做足了准备，用八年的时间招兵买马、储备粮草，于正德十四年（公元 1519 年）发动了南昌叛乱，史称“宁王之乱”。宁王自信可以夺取天下，使江山易主，没想到朝廷派王阳明来攻打他，并大败其叛军，使宁王做大明皇帝的梦变成泡影。

然而，王阳明的功劳遭到了大臣张忠的嫉妒，张忠在皇帝面前任意诋毁王阳明，并在外面传言说王阳明与宁王互相勾结，并设下圈套让王阳明前往南京接驾。王阳明拿到圣旨后，其挚友张永也给他送来一封信。信中，张永告诉王阳明："平定宁王叛乱确实是你的功劳，但是如果你想以后家人平安，就应上书一封，将功劳归还给皇上，这样皇上满意了，你也会有平安日子过。"

王阳明起初不明白张永的意思，觉得这样做很荒唐。后来，张永告诉他，皇帝朱厚照是借"宁王之乱"出来游玩，没想到王阳明只用了一个多月就平定了叛乱，这让皇上心中感到不快。为此，王阳明思忖再三，觉得只要是对国家好的事情，又何必计较是谁的功劳呢？于是，王阳明上书皇上，将平定叛乱的功劳归于皇上，他在奏折上称，之所以能够平定"宁王叛乱"，主要是因为叛乱者畏惧皇上的威名，望风而逃。这让皇帝龙颜大悦，并上演了一场亲自捉拿宁王的好戏，还举行了声势浩大的庆功宴。

王阳明有如此大的功劳，却没有得到相应的赏赐和荣誉，甚至还将自己的荣誉归功于皇帝，这件事情说明王阳明看透了得失和荣辱。在王阳明的内心世界中，他将自己的心境置于他人无法达到的至高境界，并因此握住了命运的咽喉，把握了自己的人生方向。在以后的人生道路中，他将得失荣辱置之度外，他认为只要对国家有利，自己的得失荣辱又算什么呢？

也许社会是个大染缸，充满利欲诱惑，但是你要学会内心坦然和淡定，要做到与世无争。要知道，一个内心淡泊、与世无争的人，一个将名利荣辱置之度外的人，必定能够把握自己的内心，能够始终保持一颗不动心，不会因为所谓的得失荣辱迷失方向。他们从容自在，自信乐观，能发挥出内心的潜力，成为一个高尚和有良知的人。

王阳明做到了，因此造就了自己不平凡的一生。在他的世界里，名利荣誉皆浮云，都是身外之物，一个人只要对得起自己的心就可以了。

学会快乐地生活，学会放下所有的名利荣誉，让这些都成为你脚下的路。

——《传习录》心学人生——

荣辱名利皆浮云，都乃身外之物，既然都是身外之物，又何必去追逐呢？你要学会从容和淡定，学会放下，学会追寻自己内心真正想要的东西，在追寻的过程中获得真正的幸福和快乐，并释放自己的光彩。

4. 少动心就是养心

大千世界，诱惑很多，欲望也很多，形形色色的诱惑可能会使我们晕头转向，迷失了方向，找不回最初的那个自己。你有没有迷茫？有没有徘徊？不知道如何让自己的心沉稳下来。人生不如意之事十之八九，很多事情我们无法选择，既然无法改变，无力选择，那你何必生活在这困境之中？你有没有想过自己的根本问题在哪里？也许，你有过懊恼和抱怨，但是你并不知道自己的问题根本原因在于动心。

在王阳明看来，少动心永远是对的。无论是科举考试失利时，还是当官时，他都能抵制外在的各种诱惑，也能够坦然面对各种挑战，名利荣誉也好，挫折也罢，他都能一笑而过，让自己逐渐适应环境，最终达到致良知的至高境界。

现实的诱惑，利益的冲突，道路的坎坷，会让你在人生道路上遇到很多不如意的事情。你非圣贤，怎能不动心，你也并非一出生就学会了不动心。人生的道路很长，你要学习和经历的事情还很多，而要做到不动心，在不动心中培育良知的幼苗，并使其不断茁壮成长并非易事。无论做什么事情，你必须记得一点，就是一定要保持自己的初心，学会在事件的磨难中培养自己的心态。只有这样，才能慢慢地培养自己的心性，走出一条属于自己的养心之路。

那究竟我们如何才能做到真正的不动心呢？

第一，自信乐观。

自信乐观在任何时候都是非常重要的，也因此成为不动心、养心的第一步。一个自信乐观的人脸上总会带着微笑，一个爱笑的人运气总不会太差。在他们看来，艰难险阻并不可怕，反而是考验自己内心的绝好机会。

一个自信乐观的人，不仅对自己的人生充满自信，也能笑看人生的各种不如意。在自信的人看来，人生是由自己主宰的，如果我自己都不自信了，怎么还能指望他人对我的人生自信，我要操控我的命运，而不是让命运操控我。与此同时，他们乐观地看待人生的各种大起大落，他们不会抱怨和指责命运的不公，而是用实际行动来极力挽救已经产生的损失，用自信乐观编写自己的人生词典。

第二，宽容大度。

宽容大度的人拥有的世界，远比那些小肚鸡肠的人拥有的世界更为广阔。宽容大度，不仅仅包括对他人的宽容大度，也包括对自己的宽容大度。一个宽容大度的人内心是平和的，不会因为他人的一点过错记恨他人，也不会因为自己的一点过错与自己过不去。

一个宽容大度的人，明白人非圣贤，不可能不犯错，自己犯了错并不可怕，可怕的是不知悔改，不想改正自己的错误。一个宽容大度的人，会像对待自己一样对待他人，会包容他人的过错，并不断地鼓励他人，帮助他人走出泥泞。他们用自己的宽容之心造就了与他人和谐相处的空间。

第三，心若向阳，不断前行，笑看花开花落，一切抛之脑后。

放下沉重的内心包袱，放下名利荣誉，放下所有规则的牵绊，笑看人间世事，放下该放下的，拿起该拿起的，始终保持自己的本心。不忘初心，方得始终。无论何时，他们内心都充满阳光，并用自己温暖的心来鼓励自己，不断鞭策和督促自己不能忘记本心，并在本心的轨道上努力前行。也许，这就是他们一生追求的道路，不断前行，不忘初心。

每个人的人生都是在不断地摸索中前行的，一路上有坎坷，有荆棘，有不为人知的前方，也许是不如意，也许是苦难。但是，无论何时，请你学会坦荡自己的内心。学会坦然，学会淡定，学会在浮躁的世界里保持自己的心性，学会不动心，学会养心。有一天，你会发现，你拥有了不一样的人生。

——《传习录》心学人生——

不动心并非易事，也并非难事。你要记住，无论大千世界如何变化，无论有多么的不如意，你都要记得乐观自信、宽容大度，都要不忘初心，只有这样，你才能逐渐磨炼自己的心性，培养自己的心。

5. 耐住寂寞则苦尽甘来

“宝剑锋从磨砺出，梅花香自苦寒来。”宝剑的锋利，是经过反复磨砺出来的，梅花的清香是经历了严冬的考验才释放出来的。一个人要成功，就得付出代价，就要经受考验。耐住寂寞的人生才更有意义，等待永远是值得的，所有的等待都会得到回报，耐住寂寞才能苦尽甘来。而王阳明的人生正是在等待中蜕变，在等待中超越自己，在等待中终成大事的。

公元 1490 年，对于王阳明来说，是人生中最痛苦的一年。这一年，王阳明最尊重的祖父王天叙去世了。这对于从小在祖父身边长大的他来说，感觉像失去了精神支柱一样，他的世界里少了一些阳光，平添了诸多烦恼和灰暗。他久久不能释怀，人也逐渐消瘦，后来在家人的关心和劝慰下，他才从悲痛中逐渐走出来。

在父亲王华的鼓励下，王阳明开始为两年后的科举考试做准备。祖父王天叙的去世让王阳明发生变化，他不再像以前那样爱玩、锋芒显露，他逐渐变得沉稳，学习更加努力。对于如此出众的他来说，科举考试必定可以让他崭露头角，可没想到他在会试中却意外落榜。

这次落榜并没有使王阳明就此颓废，他认为是金子总会发光，这次考不上还有下次。但是，令王阳明和很多人没有想到的是，三年之后满怀信心参加科举的他，又一次落榜。很多人认为两次落榜，一定会使得他颓废，不愿再去参加科考。可是王阳明并没有放弃，他反而更加努力，他相信他的努力终究会获得回报，时间会给他最好的答案。

也许是上天的眷顾，1499 年，王阳明终于考取进士。在他看来，所有的努力和等待都是值得的。他苦尽甘来，用自己的拼搏和等待开始书写人生不朽的篇章。王阳明在等待中蜕变，在蜕变中获得新生。

在中华五千年的历史中，有很多著名的人物用等待书写了不一样的人生，其中最著名的当属越王勾践。公元前 496 年，吴王阖闾派兵攻打越国，但被越国击败，阖闾也伤重身亡。两年后，阖闾的儿子夫差率兵击败越国，越王勾践被押送到吴国。吴王让勾践做奴隶，并伺候吴王三年，在此期间勾践忍辱负重，吴王夫差才对他消除戒心，把他送回越国。

然而，这三年勾践并没有放弃复仇之心。他表面上对吴王顺从，暗中却训练精兵，强政励治，为的就是等待时机反击吴国。在勾践看来，艰苦能锻炼意志，安逸会消磨意志。回国之后，勾践害怕自己贪图眼前的安逸，消磨报仇的意念，就为自己安排了艰苦的生活环境。他晚上睡觉不用褥，只铺些柴草，又在屋里挂了一只苦胆，时不时会尝尝苦胆的味道，为的是告诉自己不忘过去的耻辱。

勾践为鼓励民众，带着王后与人民一起参与劳动，在越人同心协力之下，越国强大起来，并最终找准时机，灭掉了吴国。这多年的等待是值得的，勾践迎来了越国的春天，这就是“卧薪尝胆”的由来。

在等待中蜕变，在等待中积聚力量，迎接崭新的自己。遇到挫折并不可怕，请你不要退缩，勇敢地前行，在大雪中奔跑，终究有一天你会闻到春天的气息，在阳光下享受美好。你缺乏的不是勇敢，而是在勇敢中磨炼，在勇敢中培养自己的耐心，请你记住，所有的努力都会得到回报，所有的泪水和汗水都不会白流。

——《传习录》心学人生——

耐住寂寞苦尽甘来，耐心点，现在的你需要沉淀，需要积聚力量，需要在人生的道路上慢慢等待并努力奔跑，坚持自己的人生道路，把握命运的舵轮，成就不一样的人生。在等待中体验酸甜苦辣，在等待中感悟人生的真谛。

6. 内心强大不为物扰

纷繁复杂的世界有太多的真假、对错、美丑。人生就是一个不断寻求自我的过程，你不知道你内心蕴藏着多么巨大的能量，你也不清楚你的潜力会给你带来多少正能量。我们生活在不断变幻的世界里，遇到形形色色的人，发生各种各样的事，也许会欣喜，也许会烦恼，也许会懊恼，也许会抱怨与指责，面对这些，你要学会淡定和沉稳。做一个内心强大的人，才能骄傲地抬起头，做生活的强者。

王阳明的一生足够精彩，也足够令人震撼。虽然两次科考落榜，虽然因被人嫉妒而被贬，虽然经常遭受他人的诋毁，但他却足够坚强，内心足够强大。他足够淡定和沉稳，足够坚定，一直为实现自己的人生志向而奔走，一直努力，终于实现了自己的人生抱负，成为智者。

一个人之所以有这样的淡定和沉稳，归根结底在于其内心的力量。所谓内心强大，并非要求你达到圣人的境界，“两耳不闻窗外事，一心只读圣贤书”，而是让你学会用坦然和坚定的内心，来面对你应该面对的世界。你要像王阳明一样，用微笑面对失败，在迷途中不放弃自己最初的信念，在狂风暴雨中不忙不乱，镇定自若。

生活的艰难险阻要求我们必须践行自己的本心，做一个内心强大的人。一个内心强大的人，不管面临多大的困难，都能够欣然接受；一个内心强大的人，无论上天对他多么不公，都能够挑战不可能；一个内心强大的人，无论处于多么混浊的水中，都能够做到出淤泥而不染，濯清涟而不妖。

丹麦思想家克尔凯·郭尔一生一贫如洗，但是他却能扼住命运的咽喉，快乐地生活，他的内心强大到足够容纳整个世界。他们这样的人，内心强大充满力量，可以说是精神上的贵族，他们凭借强大的内心，走出了属于自己的康庄大道。

当生活的困苦成为你脚下的牵绊，当命运的不公成为你前行的阻碍，请勇敢地面对，勇敢地斩断所有束缚你内心的障碍，你只能也必须这样做。人的一生很短暂，你必须勇敢坚强地去面对各种挑战。有了强大的内心，我们才能包容生活的艰难和酸甜苦辣，我们的人生才能更加辉煌灿烂。

做一个内心强大的人，需要我们的内心足够宽容。一个内心宽容的人，无论什么时候都能够愉悦地接受周围的事物，给自己带来更加广阔的空间和未来。一个内心狭隘的人，终究成不了大事，也许眼前会得到一些小利益，但是时间久了就会发现自己将自己禁锢在狭小的圈子里，走不出去。

做一个内心强大的人，学会用微笑代替抱怨。如果你始终秉持一颗抱怨的内心，你永远体会不到这个世界的爱和美好，你会迷失方向和本心。相反，一个经常微笑的人，在无形之中会给自己以及他人带来神奇的力量，微笑既彰显了他内心的自信，也会让自己不断地前进，走向成功。

做一个内心强大的人，不为物扰。我们要向王阳明学习，做自己的智者。处变不惊，坦然淡定，在不断的打拼中走向人生巅峰。

你准备好了吗？与过去懦弱的自己说再见吧，做一个内心强大的人！

——《传习录》心学人生——

内心强大，不为物扰，给自己一个微笑，给苦难一个微笑。在暴风雨中奔跑，在人生路上前行，不怕跌倒，不怕荆棘，因为你是个内心强大的人。

7. 一意只修平常心

人的一生很短暂，如白驹过隙，如流星飞逝，在有限的时间里，始终保持一颗平常心，保持乐观的心态，幸福地生活并非易事，王阳明做到了。

儿时的王阳明就树立了伟大的志向，在实现自己人生目标的过程中，他努力奔跑，却始终保持着一颗平常心。功名利禄他置之度外，诱惑干扰也阻挡不了他前进的方向，嫉妒与浮躁更是跟他没有关系。他的一生，始终保持一颗平常心，从真正意义上做到了宠辱不惊，看庭前花开花落，去留无意，望天上云卷云舒。

人生本就酸甜苦辣咸五味俱全，所以你必须做好接受任何挑战，迎接任何困难的心理准备，世间没有谁的人生始终是一帆风顺的。你看那些在舞台上光鲜亮丽的明星，他们的人生也是如此，你只看到了他们光鲜亮丽的一面，却没有看到他们辛苦打拼的一面。人生本就充满挑战，你又何必抱怨呢？与其抱怨，还不如保持平常心，笑对一切。

命里有时终归有，命里无时莫强求。你看到别人在进步自己却止步不前，那么你就应该停下脚步，看看自己的问题出在哪里。当别人拥有一样东西，你没有时，你应该学会真心为别人祝福，千万不要让嫉妒蒙蔽了双眼。在人生的道路上，你要时刻为自己加油打气，为自己充电，这样终有一天你也会拥有自己梦寐以求的东西。

平常心是一个人取得成功必备的素质之一。每个人在成长的过程中，都会遇到各种各样的对手，一旦自己处于劣势，内心就会产生极大的不平衡感，而如果自己通过努力改变不了这种劣势，就会压力骤增，从而可能采取一些不正当的行为，甚至步入歧途。与其走上一条不归路，何不平静心情，让自己的内心避免受到不必要的伤害呢？保持一颗平常心，你不需要与别人比，你只需要战胜自己就可以了。

平常心会让你坦然面对生活中的是是非非，以及各种令你不平衡的事情，让你自己的能力保持在最佳状态，让你的心态时刻保持积极乐观，在此基础上，你才更容易取得成功。

非淡泊无以明志，非宁静无以致远。若你身处人生最辉煌的时刻，仍然保持着一颗平常心，这才是真正的王者。无论是在竞技场，还是我们未知的人生，都应该如此。无论你是站在奥运会的领奖台上，还是成为一名高考状元时，都要保持一颗平常心。特别是当你想有所突破，超越自己的时候，更要保持一颗平常心。平常心能让你脚踏实地，顺其自然，从头做起，挖掘出自己最大的潜能，从而再创佳绩。

面对顺境需要保持一颗平常心，面对逆境时更应如此。人生不如意十有八九，当我们面对人生的困境无能为力时，要学会以平常心调适自己的心情。虽然现在的你是窘迫的，现在的你遭遇了前所未有的挫折与失意，但你依然可以过得快乐。何必让这些坏情绪激怒你、伤害你，影响你的生活呢？你要学会欣然接受，泰然处之，以正确的心态面对。

学会放松自己的心情，用积极乐观的思想来武装自己的头脑，用平常心来武装自己的心态。每一天都是新的，每个人的人生都是这样过来的，与其抱怨，不如像王阳明一样，保持一颗平常心，笑看人生百态。

——《传习录》心学人生——

我们应该始终保持一颗平常心，无论风风雨雨，无论艰难险阻，告诉自己每天的太阳都是新的。带着一颗平常心去感知不一样的人生，去重新认识崭新的世界，去理解生活，去度过绚丽多彩的人生。

让我们保持一颗平常心，轻松愉快地度过人生中的每一天！

8. 多尽心，心道既成

自古以来，胜者为王败者为寇，只能成功不能失败，是很多人根深蒂固的观念。正是这个观念，使得很多人在心里加上了沉重的砝码，给自己定了很多不切实际的目标。为了这些目标，他们奋不顾身地去追逐，并告诉自己，只许成功，不许失败！

有的时候，你突破不了自己内心的障碍，你认为自己不可能完成这件事，但事实上这只是因为你给自己的压力太大了。其实，成功并非我们生活的全部，你只要尽心尽力去做就好了，对得起自己的本心就可以了。一个尽本心的人，也能成为致良知的人。

王阳明的一生，无论何时都在尽心。大明皇帝的昏庸，刘瑾等宦官的诋毁，都没有使他退缩，只要是关于大明百姓的事，他始终尽心尽力。在他看来，只要是在他职权范围和能力范围之内的事情，他就一定要做到最好。也许他不是功劳最大的，但他一定是最尽心尽力的。他尽心地为百姓谋福，只期盼他们的生活有所改观；他尽心研究兵书，只为有一天能够为明朝做贡献。

时间的流逝，政局的动荡，都没有改变王阳明那颗为国尽忠的心。无论身在何处，他都是明朝的一分子，始终为明朝的江山社稷努力着，最终成为明朝历史上的一颗明珠。

并非所有人都能登上海拔八千多米的珠穆朗玛峰，也并非所有人都能摘到金字塔顶端的璀璨明珠。然而，珠穆朗玛峰的脚下也有不可替代的风景，也是别的地方无可比拟的，只要你尽力了，那么恭喜你，你已经赢了！

王安石在《游褒禅山记》中有这样一句话："尽吾志者而不能至者，可以无悔矣，其孰能讥之乎？"这句话的意思是，一个人尽自己的努力而不能达成既定的目标，就不用后悔，因为尽心努力去做了，又有谁会讥笑你呢？所以，我们尽力而为就好，做最好的自己！

"有心杀贼，无力回天，死得其所，快哉快哉！"是谭嗣同从容就义时的真实写照。面对死亡，谭嗣同慷慨激昂。戊戌变法虽然失败了，但是他已经尽心尽力了，他的精神在历史的画卷中留下了烙印。谭嗣同没能实现自己的志向，甚至为此赔上了自己的生命，但却称得上是一个致良知的人。

并非所有的美梦都能成真，并非所有的理想都会有好的结果。漫漫人生长路，尽心就好，谁又能保证自己的人生就是非常圆满的呢？也许有些事情未必能达到你的既定目标，但是时光永远不会辜负一个努力奋斗的人，好运会始终伴随着每一个努力的人。在奔跑的过程中，你所看到的风景，你所收获的财富，要远远比结果重要，不是吗？

现在，你应该放下别人对你的期许，放下内心的负担，告诉自己，努力奔跑，结果是失败还是成功并不重要，只要自己尽心尽力就可以了。尽心而为，并不代表你不追求成功，而是要学会淡定，你的努力和付出一定会有回报。尽心而为，是让你在付出的基础之上，对得起自己的良心和本心。一个尽心尽力而为的人也许并非第一，但一定是自己心中的王者，是人生的赢家。

尽心尽力，放下功名利禄，放下荣辱得失，你的命运你主宰！

——《传习录》心学人生——

我们需要像王安石那样，抱有"尽吾志也而不能至者，可以无悔矣"的心态，像王阳明一样尽心做事，尽力而为！这样，无论你是否成功，你都是最棒的，你都可以活出无怨无悔的精彩人生！

学会尽心尽力，做一个致良知的人！

第七章

用心

格物无动静，有事没事心不可不思

世间万物本无好坏之分，只是因为心有喜恶。修心重在心的磨炼，所以，有事也好没事也罢，勤思考是不会错的，心不能空，一旦空下来，就会被各种迷茫、欲望、嗔念填满。唯有时时思考，才能留住心性本真。

1．“格物”重在心而非物

王阳明成婚一年后，变得非常勤奋，苦心钻研心学。他专心读书，其实是想体悟朱熹的“存天理，灭人欲”的学说，他每天废寝忘食、苦思冥想天理与人欲之间的关系。后来，父亲王华发现了他的秘密，并指责了他。

一天，王华处理完政事回到家中，没有发现王阳明的身影。在问过下人之后，便去寻找王阳明。王华寻遍所有地方，最后在后院找见了王阳明。他发现儿子犹如禅师一样端坐在那里，目不转睛地盯着前面的一片竹子。王华的到来，王阳明并未察觉到，他依旧专心致志地在看着眼前的竹子。

百思不得其解的王华见王阳明如此专注，就跑上去问道：“你一动不动地盯着竹子干什么呢？”父亲的问题并没有使王阳明起身，王阳明告诉父亲：“别说话，我正在参悟圣人之道。”听了王阳明的话，王华感到非常愤怒又不理解，于是拂袖而去。后来，王阳明每天什么都不做，就盯着竹子，废寝忘食。王阳明本以为自己能从竹子中“格”出一些道理，但是没想到得到的却是无尽的迷茫。

他侥幸地认为自己理解了“格物致知”，就能找到成为圣贤的最佳途径，从而实现自己儿时的梦想。在王阳明看来，朱子犹如上帝，只要自己参透了这些，便可以实现自己的梦想。在明朝，虽然朱子时代已经成为历史，但是他所注的“四书”却并没有从人们的视线里褪去，仍然是科举考试必考书目。

在朱子看来，“理”存在于世间万物中，存在于事物发展的始终，任何事物中都蕴藏着理，所以才有了所谓的“格物致知”。朱子认为，每个人都必须具备不放弃和坚持不懈的精神，不仅要敢于“格”，还要懂得“格”的有效方法，只有“格物”才能明白世间万物的规律。而正是受朱子思想的影响，王阳明将竹子视为“格”的对象。

王阳明花了整整七天时间来“格竹”，不吃不喝，废寝忘食，他本以为自己的理想可以就此实现，却没想到饿得自己头晕眼花再也坚持不下去了。也许是因为“格竹”的失败，王阳明要做圣贤的决心发生了动摇。

虽然“格物”失败了，但是王阳明并没有停止思考，他开始怀疑朱子的“格物致知”。王阳明经过长时间的反思和领悟，终于明白，其实“格物致知”并非一定是要去“格物”，而是要用自己的真心去感受，用自己的直觉来参透。人的内心是真实存在，并会在人的一生中发挥重大作用的，一切的道德、知识都是以心为基础的。

通过“格竹子”，王阳明最终推翻了朱子所谓的“格物致知”，打破了旧有的束缚，创建了至今影响深远的王阳明心学。也正是因为其内心的力量和作用，使得他在以后的人生道路上摒弃外界所有的影响，走出了一条独一无二的心学之路。

“格物”重在心而非物，王阳明用其探索心学的道路告诉我们内心的作用。在他看来，内心的作用远大于外部的作用，你内心所遵循的一切，内心的强大会让你拥有更多，收获人生。

如果你对未来感到迷茫，如果你认为命运不公，请先从自身找原因，请问问自己的内心，是否足够坚定，是否知道自己的问题所在。你的内心越坚定，你的舞台就会越宽广，从而，你从外部所得到正反馈也就越多，这样你的内心就越淡定和从容，你最终将成为一个强者！

——《传习录》心学人生——

世间万物都处在不断地变化和发展之中，唯有人的内心不会变化，相反其会随着时间的变化更加坦然和坚定。与其花那么多的时间和精力在乎外在的“物”，不如多花点时间关注自己的内心，参透了自己的内心，才会成为真正的强者！

2. 明理顺道才能正心

“尧、舜、禹的三天之圣，言而民莫不信者，致其良知而言之也；行而民莫不说者，致其良知而行之也。是以其民熙熙皞皞，杀之不怨，利之不庸，施及蛮貘，而凡有血气者莫不尊亲；为其良知之同也。呜呼，圣人之治天下，何其简且易哉！”

王阳明说三位圣贤之人所说的话一言九鼎，百姓无不信服，这是因为他们的话彰显了自己的良知；而他们所做的事情更是得到百姓的支持和赞同，这是因为他们所做的事情通过实际行动表现出来，实践了自己的良知。因此，百姓觉得生活在这样的圣人统治之下非常满意，即使被处死也丝毫没有悔恨之心，百姓们获得利益，圣人觉得这本就无可厚非，也不以为是自己的功劳。倘若将这些推广到蛮夷地区，凡是有血气的人无不孝敬自己的父母，因为他们的良知是一样的。圣人治理天下，是如此的简单！

在王阳明看来，圣人之所以能够治理好自己的天下，是因为遵循了事物发展的规律，顺应民意，他们的言行举止既是一种致良知的表现，反过来又强化了自己的内心，才得以正其行，正其言，正其心。这样的人不仅仅是遵循固有的发展规律，而且也遵循了德治之道，才拥有了如此安定的天下和亲善的百姓。

一个人既想治理天下、顺应民意，又想达到致良知的境界，就必须要俘获天下人之心，达到人心所向，而也正是因为这样的处世智慧，以及致良知的境界，使得王阳明在广西平乱中立下赫赫战功，并因此更加坚定了自己顺应民意的内心。

公元1526年，广西思恩、田州地区发生了大规模的农民起义。当地少数民族充分利用地形优势与朝廷的官员展开激战，官军惨败，朝廷接连收到请求支援的文书。这让明朝官员感到甚是惊慌，当时的皇帝朱厚熜更是急得像热锅上的蚂蚁。就在皇帝一筹莫展时，有人向皇帝举荐了王阳明。朱厚熜深知王阳明用兵的神机妙算，于是立刻下旨传王阳明觐见。

朱厚熜向王阳明阐述完事件的始末之后，要求他领兵平定叛乱。当时王阳明已经五十七岁，过度操劳使得他的身体已经不如从前，总是咳嗽，甚至咯血。接到圣旨后，王阳明认为自己身为明朝的一分子，必须接受圣旨前往广西平定叛乱。

到达广西之后，王阳明并没有立刻投入到平定叛军的战事中，而是先派人四处打听起义的原因、起义的领导者以及事情的始末。在经过走访和多方调查之后，他找出了农民起义的真正原因：当地驻军纪律涣散，随意欺压百姓，肆意妄为。而此次起义的首领哈吉，是当地出了名的大孝子，他的母亲身患重病，而他唯母亲之命是从。

在了解这些之后，王阳明认为应该先帮助哈吉把他母亲的病医好，这样不仅顺应了民意，而且也能够不费一兵一卒就平定百姓的心。于是，王阳明派一位医术高超的医生给哈吉的母亲治病。起初，哈吉看到医生喜出望外，但是知道是王阳明派来的时就闭门不见。但是，王阳明派去的这名医生不仅医术高超，还颇会讲道理，他动之以情，晓之以理，最终得以给哈吉的母亲治了病。

经过医生的治疗，哈吉的母亲逐渐好转，哈吉也对王阳明的态度有了三百六十度的大转变。这时，王阳明亲笔撰写书信一封，诚恳地表达了对哈吉的态度，阐述了战争的利害，告诉哈吉只有服从朝廷，安守本分才能过上幸福的生活。哈吉看过信之后，深受感动，于是停止战争，与朝廷进行谈判。

在这次战事中，王阳明不费吹灰之力就平定了叛乱，归根结底在于其赢得了人心，顺应了得志之道。他用自己的一生践行良知，顺应得志，最终达到了致良知的最高境界。

——《传习录》心学人生——

遵循事物变化发展的规律，顺应得志，顺应民心，慢慢地你会在自我的发展中正其言，正其行，正其心，你会成为一个有良知的人，一个道德高尚的人。

3. 有事没事常思考

“学而不思则罔，思而不学则殆”，这是两千五百年前，中国伟大的思想家、教育家孔子的经典语录。孔子认为，一个人如果在学习的时候，只会简单地死记硬背，而不加以思考、消化，那么他就会迷惘，同样，如果在思考过程中他不去学习，那么他也会毫无收获。孔子借此来表述学习和思考的关系。

王阳明也是如此，他始终在努力践行这一点。无论是研习古人经典，还是研究兵法，抑或是带兵打仗，他都完美地诠释了学习和思考的作用。“格竹子”虽然失败了，但是王阳明及时思考，最终参透了“格物致知”的道理。被贬贵州，他也不忘记思考，最终参透心学的道理。行兵打仗，他更是沉着冷静，经过思考精心排兵布阵，赢得了一次又一次胜利，为明朝立下汗马功劳，奠定了其军事家的地位。

古今中外无数成功者的事例都证明了思考的力量。他们在思考中探索未知的秘密，在思考中发现未知的领域，伟大的科学家牛顿说：“思索，一个人只有连续不断的思索，终有一天你会迎来一线晨曦，见到万顷光明。”他是这样说的，更是这样做的。

牛顿小的时候，有一天坐在苹果树下歇息，一个熟透了的苹果从树上掉下来，正好打在牛顿的头上。这本来是很正常的事情，然而，却引起牛顿深深的思考。牛顿想，苹果离开树枝，为什么一定是往下掉，而不是往上掉或者往其他方向掉呢？后来，他经过不断地思考，提出地心有引力的推想，而且这种引力可能对任何物质都起作用。在其不断地思考中，他经过大量的反复论证，终于发现了震惊世界的“万有引力定律”。

英国天文学家哈雷也有相似事例，他在阅读天文学书籍时，发现很多书上都有对彗星的记载，这引起了他的怀疑和思考。也正是哈雷的不断思考和研究，使他发现彗星是太阳系的一颗行星，并且有自己的运行轨迹，每隔 75 年到 76 年人类会见到它一次。后来，事实证明了他的观点，这颗彗星因此被命名为哈雷彗星。

每个人从看到新事物到逐渐将其消化，都经过了不断地学习与思考。这就好比人体摄入食物的过程，食物入口后如果你不咀嚼，虽然食物也会进入人的肠胃，但是营养却难以被人体全部吸收，发挥不了真正的作用。因此，一个人只有不断思考，才能真正理解新生事物，并将其融入自己的生活中。

我们每个人都是一个独立的个体，都在不断学习和独立思考的过程中发现新事物，并产生自己的观点，提出与众不同的见解。因此这个世界才会与众不同，才更加缤纷多彩。只有在学习之后不断思考，才能提高我们解决问题的能力，我们才能在问题面前不慌不忙，充满自信。

我们都应该像王阳明一样，在思考中发现自我，在思考中反思自我，寻求新的突破。思考不会让你上步不前，反而会让你更加从容地面对他人，更加从容地展现你应有的人格。如果我们的大脑停止思考，就会盲目跟风，没有自己的个性，这样终究会一事无成。

如果你在努力学习，却没有任何进步，不如停下来思考一下，在思考中寻求新的方案，寻求新的突破，用思考来化解你心中的谜团，看看到底是哪里出了问题。其实，每个人都很出色，就看你能不能找到突破的办法。

——《传习录》心学人生——

思考的力量是巨大的。思考，可以开出智慧之花！有事没事常思考，思考永不止步，人生永远前行。

4. 心如铁，不思则锈

心如铁，不思则锈。王阳明的心学告诉我们，我们的内心既要足够坚定，沉稳执着，遇事坦然，也要不断地思考自己的内心，在反思中找出自己内心存在的问题，在反思中寻求新的突破，让自己的内心更加坦然，让自己的内心在思考中绽放应有的光彩。

王阳明反对人的内心没有主宰，没有引领其前行的力量，因此他特别强调心的作用。他认为，一旦一个人的内心没有了主宰，就很容易成为欲望、情感以及不良情绪的受害者，这样会使自己误入歧途，直接导致人生的不幸。

那么，一个人怎么才能发挥心的力量和作用呢？那就是学会思考，面对事情时是否能够坦然；反思自己是否对各种欲望动了心，是否能够不动心；反思自己的道德情操是否高尚，自身是否达到了致良知的境界，是否达到了知行合一的地步。这才是思考应该发挥的作用。

王阳明的弟子包括各种人，其中就有一些容易受情绪影响、牵动的人。有些人往往抱着急功近利的心态，希望在短时间内就学得老师的真学问，达到致良知的最高境界，为此甚至做一些投机取巧的事情。王阳明知道后，想出了一个办法，以此来教导弟子。

他告诉弟子，你先停下脚步，扪心自问这是否就是你想追寻的学习之道，你的投机取巧在你看来固然学习了很多知识，但是这样的做法你的内心没有羞愧的感觉吗？每个人的内心都如铁一般坚硬，都是在不断地思考中赢得人生的转变的。有求知欲固然是件好事，为师也不能否认这样的想法。但有的时候，你不能太注重知识的获得，其实心学的最高境界在于内心的释然。人不仅仅要在思考中不断坚定自己的内心，更要在思考中获得良知，做到知行合一。

没有人生下来就什么都懂，也并非所有人一开始就是一个有良知的人。大家都是行走在人生道路上，不断地参悟人生的道理，不断地明白自己应该怎样面对不同事情，不断地明白自己应该如何处理欲望，如何处理不良的情绪，从而不受其牵绊，不受其影响。人心本是铁，如果你只懂得修心，而不懂得思考，不会在思考中发现并反思自己的问题，那么你又怎能期盼自己获得进步呢？

王阳明将修心这件事情比作练习书法。试想一下，如果我们的内心不够沉稳、淡定、从容，会受各种情绪、欲望的干扰，对外界的事情始终无法释怀，静不下心来练习书法，又怎能希望自己写得一手好字呢？

与此同时，你要想书法有所进步，那你在完成一天的练习后，或者完成后一个阶段的练习后，就需要总结一下，与之前的字迹进行对照，看看这个阶段自己的书法水平是否有所提高。如果你不进行反思总结，只是一味地练习，而不与之前的书法进行对比，那你又怎么可能知道自己的水平是否有所提升呢？

心如铁，不思则锈。人都是在不断地思考中获得进步，在不断的思索中探寻内心的真谛。一个人做到不受外界琐事以及不利情绪的影响很难，更难的是不断进行反思。王阳明在参透心学，做到知行合一的道路上，时不时会与自己的内心对话，进行反思、进行比较，不断地寻求突破，才最终成为心学大师。

我们不是王阳明，达不到像他那样的高度，但是我们要学习他的方法，不断思考，不断反思，在思考和反思中参悟人生的道理。

——《传习录》心学人生——

思考的力量不容忽视。你有一颗坦然的心固然是很好的，但是难的是一直保持这样的心态。因此，你需要不断思考和反思，在反思中蜕变，在反思中打造一颗有良知的心。

5. 抱朴守拙留心性本真

有一次，王阳明与弟子薛侃谈及为学，王阳明指出:“在为学的过程中，最害怕出现的问题是好名。”薛侃说道:“从去年开始，我认为自己这个问题已经改了不少。但是，最近我在进行自我反思时发现这个问题并没有完全消除。究竟关于好名，老师是怎么定义的呢？弟子拙见，是否争声名就是好名？如果是这样的话，那弟子是否可以理解为，在为学时，如果是能获得荣誉的事情就表现得格外兴奋，而获得不了荣誉的事情就非常不满，这两种便是好名的表现。”

王阳明非常赞同薛侃的话。他告诉薛侃:“名与实本是相对的两个实体，一个人应当将务实的心看得重一点，而好名的心应该相对少一点。如果一个人拥有务实之心，返璞归真，便不存在一丝一毫的好名之心。一旦你学会了务实，保守本真之心，那么你哪里还有时间，还有闲心去追寻功名呢?”

王阳明借“好名与为学”的关系，来阐释关于求实务真的观点。王阳明认为，一个人适度追求名声无可厚非，但是倘若在追求声名的过程中任由自己的内心沉沦，将自己所有的时间和精力都用在追求名声上，那么你的人生是可悲的。这样的人，长时间沉沦在对功名的追逐上，不仅会沾染很多不好的习惯，而且身心也会逐渐沉沦，一生都会因名利束缚而寻找不到真正的自己。其实，这就是王阳明所说的抱朴守拙。

所谓抱朴守拙，是指一个刚涉世的人，不良习惯会比较少，还没有完全被欲望或者利益的束缚，但是伴随着阅历的不断增加，他的城府也会不断加深，相应地他的不良习惯也会随之增多，他对利益或欲望的渴望也随之增加。所以，一个人与其城府不断加深，受到功名利禄的牵绊，不如回归最朴实的个性；与其做事斤斤计较，不如坦然一些、宽容一些，不丧失纯真的本性。

庄子寓言里有一则关于“斗鸡”的寓言。据说，齐王喜欢斗鸡，便请纪消子为其养鸡。齐王是个急性子，刚过十天，齐王就派人去问纪消子：“我的斗鸡长大了吗？它可以参加比赛了吗?”纪消子回答道：“不可以，此鸡性情傲娇，上了战场也是当炮灰的料，再过几日吧！”又过了几天，齐王又派人催问，纪消子告诉派来的人：“鸡听到外面声响，仍然咯咯地回应，一旦外面有人过来，就心浮气躁，不适合参赛，还是再过几日吧！”

又过了数十天，齐王终于坐不住了，亲自去找纪消子，此次纪消子告诉齐王：“我想您可以把它带去参加斗鸡大赛了。据我今日观察，不管其他的斗鸡如何挑衅它，向它示威，也不管外面有什么声音，它都能够气定神闲，呆若木鸡。其他的鸡见了它定是仓皇而逃，可以说是天下无敌。”

庄子借此寓言说明人内心的力量很重要。一个务实本真的人，一个个性朴实的人，一个心态坚定的人，不会受各种利益、欲望的影响，不仅仅是自己的主宰，也超越了他人。所以务实本真，抱朴守拙最重要，任何人都不能忽视。

无论你在哪里，无论你处于何职，都要学会保持那颗最本真的心。面对欲望，不如想想那个刚进入职场的你，想想那个简单的你，那时的你轻松快乐、阳光自信。与其尔虞我诈，沾染很多不好的习惯，与其很累地去追寻一样东西，不如停下脚步，深呼吸，回归本真，抱朴守拙。

——《传习录》心学人生——

抱朴守拙留心性本真，你要学会不忘初心，累了就回归自我，抛弃对功名利禄的追逐，时不时地看看以前的自己，寻找最本真的自己。

6. 真糊涂不如装糊涂

人生在世，糊涂有两种，即真糊涂和装糊涂。所谓真糊涂，就是脑袋不清楚，不懂得分辨优劣好坏、是是非非，心情愉悦的时候看什么都觉得是好的，心情不好的时候觉得什么都不好。对这类人而言，情绪主宰了他们的内心，他们的喜怒哀乐更容易受外在环境的影响。而装糊涂则是完全相反的一个状态，相比之下，王阳明推崇装糊涂的人生态度。

所谓装糊涂，是指表面上看起来什么都不知道，其实内心却如明镜，是非黑白了然于心，看得真真切切。这样的人，该明白的时候绝对不装不明白，该糊涂的时候大人有大量，不与他人计较是非对错，没有害人之心。他们的情绪虽然有时候会受外界的影响，但在大多数情况下，都能够主宰自己的内心。对于这类人而言，生活就应该安逸自得，快乐是生活的主基调。

对于王阳明而言，官场的事情他都心如明镜，有的时候他选择视而不见，但这并不代表他真的没看见。刘瑾的奸诈、他人的嫉妒都让他备感压力，但是对此他选择了糊涂，对于诋毁他的人选择了宽容。对于刘瑾的奸诈他有过愤怒，对于他人的诋毁他也有过无奈，但是他最终都选择一笑而过，将其当作参悟心学的绝好机会。在他看来，这些都不能影响他为百姓做实事和报国的决心，在大国利益面前，个人的利益又何足挂齿呢?

也正是因为王阳明装糊涂的人生态度，使得其乐观自在地过着每一天的生活。贵州的条件再艰苦，也没能让其放弃成为圣贤的志向，相反他更加努力，更加从容，相信终有一天明朝会繁荣昌盛，百姓会安居乐业。人活一世，有的时候没必要让自己这么累，该放松的时候就放松，是是非非，真真假假，又何必分得那么清楚呢？

伟大的诗人郑板桥就是一个不计较功过是非、难得糊涂的人。有一年，郑板桥来到山东莱州云峰山观摩郑公碑，晚间借宿在山下一老儒家中，老儒自称糊涂老人，但是言谈举止高雅不凡，完全不是一个糊涂的人。郑板桥在老者家中与老人交谈甚欢，觉是遇到了一生中最默契的人。

老人家中有一块特别大的砚台，石质细腻，镂刻精美，郑板桥看了大为赞赏。老人请郑板桥留下墨宝，以便以后请人刻到砚台背面，以做纪念。郑板桥觉得糊涂老人必有来历，便题写了“难得糊涂”四字，并盖上了自己的印章“康熙秀才雍正举人乾隆进士”。

郑板桥题完字后，发现纸上还有空余，便请老人题写一段字，老人也没推辞，随手写道：“得美石难，得顽石尤难，由美石转入顽石更难。美于中，顽石外，藏野人之庐，不入富贵之门也。”写完之后也盖了方印，印文是：“院试第一，乡试第二，殿试第三”。郑板桥看后，知道老者是一位情操高雅的退隐官员，表示了深深的敬意。老者提完字后，又提笔补了一段文字：“聪明难，糊涂尤难，由聪明而转入糊涂更难。放一着，退一步，当下安心，非图后来报也。”

此后，郑板桥秉持了“装糊涂”的人生态度，拿得起放得下，参透了人生。我们生活中有很多人虽然拿得起却放不下，明明知道这件事情不能这样做，却非要这样做，到最后伤害了别人，自己也误入歧途。而有些人虽然在大事上装糊涂，但在小事上却费尽心思，锱铢必较，活得一点也不快乐。

我们都应该向郑板桥、王阳明学习，有时候“装糊涂”会给我们带来完全不同的人生风景。学会装糊涂，而不是真糊涂，无论大事小事，拿得起放得下，拥有海一样广阔的胸怀，自己主宰自己的内心，保持真性情，做情绪的主人。

——《传习录》心学人生——

真糊涂不如装糊涂，有些事情何必锱铢必较，学会宽容他人，让自己活得简单一点，活得快乐一点。

7. 无根之本难长久

有一次，王阳明的弟子在学习“仁”，为了解答弟子的困惑，王阳明举了下面的例子。

他告诉弟子，任何一棵参天大树都是由一棵树苗生长而来的，这是循序渐进的过程。树苗慢慢长出树干，接着生长出枝叶，持续地长下去，最后长成参天大树。如果树苗没有发芽，那就没有树干与枝叶，更不用说参天大树了。

而树苗能长大，归根结底在于树根的力量。也正是因为树根的支撑，才会有树苗，才会有树，没有根就无所谓树。借此，王阳明强调的是树根的重要性，树根的粗细、好坏决定了树的成长情况，如果没有了根，那么树就会枯死，没有了根，再好的树叶都会掉落，树也就不能称之为树。

王阳明通过树与树根之间的关系，来说明一个人修身养性最重要的是要有善根，在有善根的基础上，才能随性成长，长成参天大树，拥有快乐的人生。而如果人的内心没有善念，充满恶意，无论它以后怎么生长，都不能成为自己想要的模样，这样的人终究是失败的。这就是王阳明所说的“无根之本难长久”的道理。

一个人的孝道、父母兄弟之爱同样如此。如果你连自己的父母兄弟都不爱，又怎么爱外人和百姓呢？任何事情都要追寻其善意的根源，有根方生，无根便死。大树尚且如此，更何况是人呢？一个人心中没有了根，没有了善意的根源，又怎么能期盼自己成为一个道德高尚的人呢？

所以，每个人都要寻求自己内心的根源，而且必须是善意的根源，否则你的人生就像一棵烂了根的树，终究是长不成大树的。那么，在我们的现实生活中怎么做，才能不忘自己内心的根呢？

首先，不忘父母之恩，孝顺父母。羊羔有跪乳之恩，乌鸦有反哺之义。你养我小，我养你老。你长大了，你的父母却年华已逝，渐渐老去，请你一定要孝顺自己的父母。工作再忙，记得给他们打个电话，当他们干不动重活的时候，不要抱怨，为他们做些力所能及的事情。千万不要觉得父母的唠叨是一种负担，千万不要等到他们不在了才追悔莫及。一个人不能忘记，是父母给了你生命，你要学会感恩。

其次，不忘朋友之意，关爱他人。你的人生除了父母，还有很多好朋友。真正的好朋友是共患难同生死的，你要记得他们对你的帮助，怀抱感恩之心。当他们有困难的时候，毫不犹豫地去帮助他们，让他们感受到你的温暖和真心。每个人都要有关爱他人的心，这个世界本就是一个充满爱的世界。你对他人伸出援助之手，他们有一天也会同样地回馈于你。

最后，不忘初心，行走在善良的道路上。世界有混浊一面，心却不应该是混浊的，用你的善良去打动身边的人，用阳光照耀每一处阴暗、湿冷的地方，让这个世界充满爱，充满真心。不要忘了最初那个善良的自己，不要忘了最初那个敢拼敢搏的自己，如果你连自己的真心都丢失了，又怎么指望他人能用真心待你呢？

无根之树难长久，每个人都期盼成为最闪亮的自己，成为一棵参天大树，但前提是你必须要有根，且必须是善良的根，这样的你才能足够从容，这样的你才能将人生的道路越走越宽，而不是越走越窄，最终走入人生的死胡同。

你期盼成为舞台上闪亮的星，就要先去寻找自己的根，寻找那个善良的自己，在善良的根源下，熠熠生辉，绽放人生的光彩。

——《传习录》心学人生——

无本之木难长久，王阳明在努力追寻自己的过程中，始终不忘初心，不忘善良，不忘内心的根源，所以才创造了心学。你还在等什么呢？寻找自己的本源去吧，挖掘内心的根源，让自己的人生走得更长久，让天空的色彩更加亮丽。

8. 心正谓其主一之功

王阳明的第一位学生徐爱死后，一日，弟子陆澄及其他几位师兄弟与王阳明讨论关于灵魂以及鬼魂的问题。陆澄问老师：“近来一些人总是担心夜间会有鬼魂出现，夜不能寐，陷入深深的恐惧中，要怎么做才能消除人对鬼魂以及灵魂的恐惧呢？这个问题已经困扰了我们很久了，请老师为其解答。”

王阳明回答道：“人之所以畏惧鬼魂，只有一个原因，就是他们平日不愿意积德行善，不愿意去做善事，内心缺乏善良的意念，所以才会对鬼魂和灵魂畏惧。试想一下，如果他平时的所作所为都符合道义，对得起自己的良心，并能做一些对社会有意义的事情，坦坦荡荡，心胸宽广，又有什么好畏惧的呢？”

王阳明的话音刚落，一位名叫马子莘的弟子立刻说道：“弟子认为，鬼分正恶。对于我们而言，正直的鬼自然没有什么可怕的，因为其本性善良。可是，那些邪恶的鬼却令人厌恶和讨厌，因为他们从来不考虑人的善恶，这样才令人感到畏惧。我想应该是这个道理，而并非老师所说的。”

听了马子莘的话，王阳明耐心地说道：“一个正直的人，内心本就坦荡，又怎么会受到邪恶之鬼迷惑呢？一个人一旦害怕并畏惧鬼神，内心自然会产生某种恶意或者邪念，最终受到其迷惑。所以，从严格意义上讲，你害怕鬼神，并不是受到鬼神的迷惑，而是因为害怕自己的内心，被自己的内心所迷惑。”

接着，王阳明又说：“对于好色的人来说，他们便是色鬼迷，对于贪财的人来说，他们就是财鬼迷；对于控制不住自己脾气的人，他们就是怒鬼迷；对于本就不应该恐惧但是却心生畏惧的人来说，他们就是惧鬼迷。所以，人畏惧的并非鬼魂，而是人心本身。倘若心正，又有何畏惧呢?”

王阳明借这个话题又阐述了修身养性的问题。如果一个人心不正，自然会对外界产生畏惧，而其实对外界的畏惧源于自己的内心受到诱惑，源于对内心的恐惧。所以，人心要正。王阳明在其心学中，阐述了心正的观点。他认为，心正谓其主一之功。一个人只有心正，才能对得起自己的良心，才能在道德上有所建树。而是否心正，从根本上讲也是一个人自身所决定的。

王阳明是这样教育弟子的，也是这样做的。当时以刘瑾为首的八虎在朝廷为非作歹，无恶不作，对此他愤恨不已，对被迫害的官员深表同情。刚正不阿的他虽然当时仅仅是一名六品官员，却不顾可能被廷杖的后果上书皇帝，痛斥其罪行，甚至在奏折上对皇帝宠信奸臣的言行予以批评。

年轻气盛的王阳明满以为自己的浩然正气可以打动皇帝，却万万没有想到，他这个芝麻大的官根本起不到任何作用，还给自己带来了廷杖及被贬的痛苦。虽然被贬，可是王阳明从来没有后悔过，在他看来，人就应该做到一身正气，要做到心正，不畏权贵，心存良知，道德高尚。

做一个刚正不阿的人，做一个心正的人，用自己的良知和行为来践行良知的力量，成为一个正直的人。你的人生应该不畏权贵，不惧欺诈，秉持真诚，不惧恶意，因为你是善良的，你是正直的。

心正谓其主一之功，一个人的内心是否正直，是否善良，都是由我们自己决定的，任何外在的事物都不能扰乱我们正直的心。

——《传习录》心学人生——

站在高耸入云的山峰，俯瞰世间，也许有迷惑你视线、扰乱你心境的东西，但是你要学会排除这些东西对你的影响。一个正直的人，刚正不阿，不畏惧任何东西，他们会在大千世界中寻找自己想要的，并努力践行自己的良知，用良知谱写人生华丽的篇章。

第八章

治心

内法而外情，方圆之道是处世大智慧

为人处世不能不讲原则，俗话说水至清则无鱼，原则性太强反而会令人敬而远之。但没有原则也不行，最好的处世之道就是外圆内方，表面上给他人留足情面，内心则依旧坚持原则，唯有这样才能情法两全。

1. 处世哪能没原则

天地万物自有其发展规律，既然生活在与他人相互交往、接触的世界上，就要学会为人处世。一个人不管智商有多高，多么有能力，家庭条件如何优越，如果不知道如何与他人交往，不知道如何做事，那么最终的结局必定是失败的。很多人年老时抱怨自己碌碌无为，那是因为他活了一辈子都不明白如何做人做事。为人处世既是一门艺术，也是一门学问。

每个人都是怀揣梦想的人，都渴望成就最好的自己。为了完成既定的目标你不断地努力，不断地付出，然而付出与收获却不成正比，这让我们不得不怀疑自己的能力和付出。你自信地认为自己很努力，付出的也比别人多，但是你却没有发现为人处世的原则至关重要。

你梦想成为一名教师，于是选择师范院校，并取得梦寐以求的教师资格证，本以为可以站上三尺讲台，默默无闻地付出，你却发现自己怎么也成不了一名好老师，成为不了一名优秀教师。你自身的主观愿望与客观事实截然相反，事实证明你并不是一名优秀的教师，但这并非是说你能力不够，而是说你不会处理与学生之间的关系，不受学生的欢迎，这样一来，你又怎么能成为一名优秀教师呢？

在王阳明看来，为人处世就好比治学，都是建立在一定原则之上的。王阳明认为，每一个生活在社会上，生活在世间的人，都与他人、社会有着互相依存的关系，因此，在对待为人处世这个问题上，只有与他人为善，用真心，真诚地去对待他人，从根本上达到“利他”的境界，才能有利于自己人生的发展和进步。正所谓，利他才能利己，害他人其实是在害自己。

无论是幼年时，还是为官时，王阳明始终坚持利他、利社会的原则，永远将别人的利益放在首位。身为明朝官员，他在做事时，从来都最先考虑百姓的利益，想尽办法为百姓谋福利。无论身居何职，虽然他并不知道自己所做的事情有多大影响，但是只要是对百姓有利的，他都义无反顾去做。也正是他苦心竭力地付出，坚守利他人、利社会的原则，使得他受到了百姓的爱戴和尊重。

王阳明将仁道作为自己为官、做人的原则。为了维护百姓的利益，让百姓过上更好的生活，他甘愿付出一切，甚至牺牲自己的生命也在所不惜。那么对于我们来说，生活在如今这样的社会，又该怎样为人处世呢？

第一，谦虚，切勿骄傲自大，这是为人处世的根本。无论你多优秀，无论你取得了多大的成功，都要谦虚，千万不要目中无人，千万不要获得一点成功就沾沾自喜，失去方向。一个真正有能力的人懂得谦虚使人进步，骄傲使人落后，而且不会小看他人。

第二，看淡人生百态。对于金钱、权力等诱惑淡然处之。面对人生的大波大浪，豁然开朗，善待自己的生命。为人淡泊名利，满足心灵的追求。

第三，勤俭节约，从小事做起。为人处世，不仅要勤俭节约，不浪费钱财，而且要懂得成功与幸福的来之不易，这样才有利于走好自己的人生路。

第四，为人正直，以礼待人。做一个正直的人，拒绝自私自利，做一个人格健全的人，千万不要做那些偷奸耍滑的事情。此外，与他人交往时，无论是自身的形象还是谈吐，都要表现出很有教养的一面，更不要去得罪人。

第五，踏踏实实做人，实实在在办事。无论你从事何种职业，都要给别人留下实在的印象，处理好与他人的关系，给自己的成功奠定坚实的基础。否则，无论你怎么努力，都可能实现不了你的梦想。

第六，谨慎待人，谨慎处事。学会谨慎，并不是说你做事情时要畏首畏尾，而是要思考事情的前因后果，以取得最佳处理效果。

为人处世涉及现实生活的方方面面，也是每个人必须学习的。当然，每个人都有自己的个性，在尊重自我个性的同时，必须尊重既定的规律，这样才能活出自己的风采。

——《传习录》心学人生——

为人处世作为每个人必须学习的一门课程，需要自身的实践和不断的积累。但毋庸置疑，没有处世原则是万万不行的。

2. 留情面才能有朋友

任何人都不可能独自生活在社会上，不与他人发生联系。人与人之间互相联系，互相牵制。有些人在你的人生里注定是一个陌生人，你们就好像两条平行线，永远不会有交集；而有些人在你的人生中却扮演了重要的角色，他们会与你一起共享快乐幸福的时光，也会与你一起度过你人生中最艰难困苦的时刻，那就是朋友。

用心与朋友相处，用真诚去结交朋友，会让你的人生多一份欢笑。在王阳明看来，情面在与朋友相处时非常重要。这不仅仅表现在言语上，还表现在行为举止方面。情面这两个字理解起来并不难，是指人的情分和面子。一个擅长交朋友的人，无论在什么场合，都会给对方留足情分和面子。这样做，从表面上看，是给对方留面子，而实际上却彰显了其内心最温暖善良的一面。

王阳明所说的情面首先表现在言语上。每个人都有自己的缺点，既然这样，又何必在公众场合将他人的缺点无限制放大、在私底下诋毁他人，而不去发现他人的闪光点呢？你这样做，不仅仅会让别人觉得你是一个心胸狭隘的人，而且会让对方觉得你是一个不值得交往的人。

其次，情面更是通过行为彰显出来的。职场也好，生活中也好，无论你做什么事，都要给对方留有足够的空间，让对方觉得自己的能力得到了发挥。这样做并不代表你没有才华和能力，相反这说明你为人谦虚，是一个体谅他人的人。这样，你在职场交到的朋友会在以后的工作中给予你帮助，而不是落井下石，正所谓众人拾柴火焰。

美国著名实业家、美孚石油公司（标准石油）创始人洛克菲勒在商场打拼多年，拥有亿万身家，万众瞩目。这样的一位实业家，却是一位给他人留有足够情面的人。他曾经说过这样一句话："往上爬的时候要对别人好一点，因为你走下坡路的时候可能会碰到他们。"也正是因为他的"留情面"，他的为人处世的智慧，使得其成为石油大亨，赢得了他人的尊重。

我们平时说话、做事，要注意不能让别人下不来台，不要伤了别人的自尊。一个真正会为人的人，会给他人留足面子，更会保护他人的自尊。因为他们知道，做事留有余地，给他人留足面子，实际上是给自己留退路。从表面上看，你宽容了他人，但实际上是宽容了自己，给自己铺了条路，因为你结交了一位好朋友。

很多人都喜欢看围棋，并敬佩真正的围棋高手。一位真正的围棋高手，很少把对方杀得落花流水、片甲不留，他们往往在赢一子或半子时便打住。对于他们而言，赢一目是赢，赢一百目也是赢，友谊第一，比赛第二，何必让对方满盘皆输，不留情面呢？也正是因为他们的这份谦让，不仅让对方输得心服口服，还会为自己赢来"德艺双馨"的美名以及尊重。

你给他人留足情面，让他人从容，别人下次也会这样对待你。你不知道下次你们会以什么样的方式见面，与其“狭路相逢”，争执不下，不如你先退让一步，让对方先过去。你让人一步，他人对你心存感激，日后自然也会让你一步，你也因此结交到了朋友。

当你与他人争得面红耳赤时，请想想你们之前的情谊，千万不要将对方逼进死胡同，让对方无路可走。如果你们之间没有了情面，那对你们两个人都没有什么好处。不可否认，做人要正直，但是做事也要灵活，遇事给别人留足够的情分和面子，你与他人的关系才会更加融洽。

——《传习录》心学人生——

朋友多了路好走，这句话在任何时候都不过时。你不可能永远生活在自己的时间和空间里，你需要和其他人接触，结交朋友。而结交朋友最重要的一点就是给对方留情面，留足够的情分和面子，宽容对方，让你们之间的关系融洽和谐。

3. 圆中有方，处世不慌

王阳明的心学思想中关于为人处世，有这样一个道理，即圆中有方。方本刚，圆本柔，方为原则，圆为变化。方与圆本是合二为一的。方是以不变应万变，圆是以万变应不变。二者既相互对立，又互相联系，缺一不可。方外有圆，圆中有方，能方能圆，亦方亦圆，方圆合一，无往不胜。

不可否认的是，在王阳明的心学思想中，方是做人的根本，一个人如若连根本都没有了，又何谈在世上立足。而圆是成功的道路和方法，是一个人为人处世的原则。如果为人失去了方，内心就不够坚定，也不会得到他人的尊重。而做事一味地坚持方正则会处处碰壁，寸步难行。因此，王阳明特别强调圆中有方，将方圆二者结合起来，才能在面对诸多问题时坦然自若，进退自如，为自身发展营造良好的空间和时间，成就梦想。

当你面对困难、挫折、欲望、利益等问题时，先要战胜自己的内心，做到不动心，战胜自己内在的敌人，抵挡外界的诱惑，超越自我。但是，你在面对这些问题时更需要灵活，随机应变，做到尊重事情的客观发展规律，一切从实际出发，具体情况具体分析。

在为人处世的问题上，你在灵活处理问题的同时，也要坚持自己内心的底线，坚持自己的原则，这样才能做到灵活应对各种问题。遇到一件事情，你不可能全盘接受别人的观点，因为你有自己的原则，你不可能因为丁点的利益而丢失了自我，坚持你的本心，相信你会成为一个知行合一的人。

你的人生有很多条路可以走，但是有的时候有直路为什么非要走弯路呢？直路不仅能让你用最短的时间到达终点，还能让你明白很多道理。有的时候人的底线和原则是不容突破和改变的，如果因为一件小事放弃了原则，那你之前的坚持不就白费了吗？

试想一下，如果一个人从来都只想着自己的利益，总想着占他人的便宜，那时间长了，谁还愿意和这个人相处呢？这种人注定是没有朋友的，他们的人生注定是失败的，是会遭到他人厌烦的。做人必须正直，坚持自我，为自己设定一定的原则，千万不要自私自利忽视他人。

武侠小说里塑造的诸多经典形象，让我印象深刻。其实，武侠小说中所塑造的大多数经典人物，表现的都是一种侠义。正所谓，大丈夫有所不为，有所必为。这些人物灵活处世，并能赢得他人的尊重，同时也坚持了方正。如果他们所做的事情违背了基本的伦理道德，那么只会遭到社会的唾弃，永远无法取得成功。因此，人做事仅仅“圆”是不行的，还必须有方正的内涵，这样才能立于不败之地。

也许，你从小受到父母的谆谆教诲：做人一定要仁慈正直。但是随着年龄的增长和阅历的增加你却发现，社会的人情冷暖世态炎凉，让你坚持的防线节节败退。你开始怀疑自己，开始彷徨，甚至怀疑自己原来坚持的正直是不是对的。

时间会帮助你解决一切问题。那些狡诈的人终究得不到大家的信任，慢慢的，朋友会离他而去，而你的坚持终究会有好的结果。一个人就像一本书，如果一本书只是有华丽的封面精美的插图，书中内容却没有思想，那这本书最终会被人遗忘在书架上，布满尘埃。

人要干出一番大事，就要懂得为人处世，就要注重自身的素质和高度。而自身的素质和高度是由“正”决定的，只有做到圆中有方，方中有圆，才能提升自己的素质，提升自身的品质、气质和魅力。

——《传习录》心学人生——

为人处世既要不失灵活又要有原则，也就是要做到圆中有方，方圆兼济。在生活中既要灵活，又要坚持自己的原则，是为方正。这样，才能既有利于自己，又有利于他人。

4. 情法相申大智慧

王阳明主张“情法两治”，并奉其为做官处世的准则。他认为在处世时既要有自己的原则，又要给他人留情面。因为没有原则便会在尘世中随波逐流，失去自己的方向，但与此同时，还要给他人留情面，重情重义才能得人心，才能获得大家的拥护和爱戴。如果你不注重情面，在他人看来你就是一只冷血动物，就算你再怎么会办事，也无法得到他人的认可。这就是王阳明所认为的“情法相申”。

一个为了他人的情面而放弃自身原则的人，显然不是一个正直的人，也难以在他人面前树立威信，而一个一味坚持自身原则而不给他人留情面的人，遇事不会灵活处理，总是钻牛角尖，也难以走出自身设定的圈子。王阳明在处理事情的时候，主张情法相申，一方面保证以法律为准绳，另一方面又体现法外有情。

“宁王之乱”给明朝带来很大的损失，平定宁王之乱之后，在如何处理俘虏的问题上，官员有多种意见。有些人主张将俘虏处以极刑，以起到杀一儆百的作用，让其他心怀叵测的臣子断了叛逆的念头；有些人主张将俘虏全部充军。而王阳明却提出了完全相左的观点，他认为每个人所犯的罪行不同，应该区别对待，对于叛军的头目，即那些死不悔改的人应该处以极刑，而其他的从犯应该充军，这样也会让他们感受朝廷的关怀之心。

王阳明认为，法律固然神圣不可侵犯，但是也要讲人情。亲自参与平定叛乱的他，发现有些人并非是自愿参军，而是受到了宁王的胁迫。因此，对于那些受宁王蛊惑、被迫作乱的人，他认为不但不追究他们的刑事责任，还应给他们分配良田，让他们恢复生产，安居乐业。这样，才可以从根本上消除动乱。如果将所有的俘虏都处以极刑，那他们死后，他们的亲人、同党还会想造反，冤冤相报何时了。王阳明的看法得到了大家的认可。

“情法相申”，不仅可以惩治犯罪之人，还能赢得大家的拥护。一个国家，如果固执地坚持严厉原则，不体恤人民，的确会让大家都乖乖听话，但是时间久了也会带来很多不利影响。这样的国家是不会长治久安的。

当然，一个人也不能永远充当“救世主”的角色，对任何事情都无限制地放纵，没有原则和底线，毕竟无规矩不成方圆。每个人都应该在不违背自己原则的前提下，酌情对事、对人，这样才能成为人生的赢家。因为，很多时候，事情主客观条件是不一样的，我们无法按照固有的标准判定其对错，只有具体问题具体分析，做到合情合法，才能取得最佳的效果。

情法可以相申、可以相互交融。每个人都拥有自己的思维方式和处事方式，每个人的出发点和着重点也不一样，在不违背社会所设定的大原则的前提下，适当地给他人留有情面，给他人一个台阶下，是一个不错的选择。有的时候，你没有必要分清所有的是非对错，需要宽容一些、大度一些，情法完全可以相申，千万不要让规则束缚了你的手脚。

无规矩不成方圆，无规矩这个社会也会一团糟。但是，有时候，别人犯错并非有意的，有可能是一不留神造成的，有可能是受人蛊惑的，这时，你若能动之以情、晓之以理，别人就能意识到自己的错误，你又何必上纲上线呢？为人处世，不能只要规矩，不要人情，也不能只要人情，不要规矩。在人际交往的过程中，情法相申，才是大智慧，才是处世的最佳方式。

——《传习录》心学人生——

情与法，情面与原则，二者本是矛盾对立，但是在王阳明看来，却可以相互交融，成为其为人处世的准则和态度。情法相申大智慧，存在于我们的人际交往中，是我们处世的宝剑。

5. 心聚万物多一点包容

“海纳百川，有容乃大；壁立千仞，无欲则刚。”这句话是民族英雄林则徐题于总督府衙门的一副自勉联。其意思是说，为人要像大海一样，拥有能容纳无数江水的广阔胸襟，在容纳和融合之中做一个心胸宽广、豁达大度、有修养的人。这样的人不仅心中能包容万物，更能够受到他人的尊敬。

王阳明主张“心聚万物多一点包容”，一个人会遇到很多让自己不满意的事情，遇到很多让自己无奈的事情，如果事事都斤斤计较，和他人过不去，也和自己过不去，你的人生终究会在不开心中度过。与其为自己找不痛快和麻烦，不如释放自己的心灵，让自己在自由中、在宽容中度过每一天，在宽容中包容你我，为你我的人生添加亮丽的色彩。

王阳明的人生中充满了包容，他包容自己的幼稚，包容自己两次科举的失意，包容他人对自己的诋毁。正是因为他对自己的包容，让他能够在双重压力下考取功名；正是因为他对别人的宽容，使得自己有时间和心胸研究心学，最终冲破阴霾，成为一代心学大师。历史上，与王阳明一样大度、拥有海一样广阔心胸的人很多，王安石就是一个。

宋朝宰相王安石中年丧偶，后来又娶了一个妾名叫娇娘。娇娘是大家闺秀，貌美如花，更是一位才女，琴棋书画不在话下，上得厅堂，下得厨房。婚后，身为宰相的王安石忙于政事，经常不回家。而娇娘正是青春年华，独居空房，时间一久，便跟府上的年轻仆人有了私情。这件事情让王安石火冒三丈，于是他便骗娇娘说去上朝，实际上却偷偷藏在府中，果真发现两人卿卿我我，王安石准备将这个仆人痛打一顿。

正当他准备发作的时候，内心的“忍”字让他逐渐冷静下来。他心想自己本是当朝宰相，为自己的家人动火实在不应该。于是，王安石就当作没看见，转身离开，但就在他转身的时候不小心撞到了一棵大树。他一抬头发现树上有个鸟窝，他灵机一动，拿起一根竹竿捅了鸟窝几下，鸟儿惊叫飞走，仆人听到声音惊慌逃走。事后，王安石若无其事，也并未与娇娘提起此事。

转眼到了中秋，王安石邀娇娘到后花园赏月。王安石当日心情大好，酒过三巡之后便吟诗一首：“日出东来还转东，乌鸦不叫竹竿捅。鲜花搂着棉蚕睡，撇下干姜门外听。”娇娘本是才女，不用王安石细说，已然知道了诗中的寓意，知道自己跟仆人偷情的事被王安石知道了。娇娘顿时羞愧无比，她跪在王安石面前，也吟了一首诗：“日出东来转正南，你说这话够一年，大人莫见小人怪，宰相肚里能撑船。”

王安石听了娇娘的诗，也进行了反思，自己年已花甲，而娇娘年华正好，自己每天忙于公务没有时间回家，所以娇娘偷情之事不能全怪她，与其指责她，倒不如宽容大量一点，成全他人的幸福。过了中秋节，王安石赠给娇娘白银千两，让她与仆人成亲，远走他乡。这事很快传出去，人们对王安石的“忍”字当头，宽宏大量，深感敬佩，他与娇娘的故事也成为一段佳话。后来，人们用“宰相肚里能撑船”，来比喻一个人的宽容大量。

大度包容是消除人与人之间隔阂、障碍的催化剂，多一些宽容，少一些斤斤计较，你的人生会更加美好。包容和诚实、勤奋等其他品格一样，是衡量一个人气质涵养、道德水平的尺度。包容他人是对他方的尊重，是对他人的接受，更是一种爱心，一种力量。

心聚万物多一点包容，包容是一种美德，当你遭遇不公正的时候，不要愤怒，学会包容他人，不要用别人的错误来惩罚自己，更不要惩罚他人，这样对你们都没有好处。学会包容自己，包容他人。

——《传习录》心学人生——

心聚万物多一点包容，包容并不等于懦弱，而是用自己的爱心和真诚来净化世界。学会包容吧，互相包容的人一定会得到他人的尊重，互相包容的世界一定会更加美好。

6. 多权宜，灵活处世

我们在历史书中看到的王阳明，正直不阿、不向权贵妥协，让人尊重，让人敬畏，而事实上，王阳明却是一个灵活处世的人。面对一件事情，他会权宜各种情况，既坚持自己的原则，又不失礼法和公允。他认为，懂得灵活处世不仅能够彰显一个人的处世态度，也是处世的大智慧。

多权宜，灵活处世是一种能力。你与他人所掌握的知识不同，所具备的能力不同，性格也不同，因此所面对的困难和问题也是不相同的。面对一件事情，如果你一味坚持自己的原则，或者一味照搬他人的模式和方式，而不考虑事情的前因后果，将其放在特定的环境下，那么就会造成不理想的结果。也许你会说，这件事情的做法符合大家所设定的规则，也并未超过我的原则，但这并不代表这就是最佳的解决方式。有时候，你所坚持的生硬的处世方式，只会让他人觉得你是一个冷漠的人。

自古以来，处世方法并没有固定的模式，也没有哪条法律告诉我们必须怎样做。你所处的时代在不断发展变化，你的阅历和年龄也在不断增加，你接受的新生事物越多，你对事物的态度和看法也在发生变化。所以，面对一件事情，千万不要理所当然地认为只能用一种方法来解决。在解决事情的时候，学会具体问题具体分析，多用权宜之计，既不违背自己的原则，又可以将事情顺利地解决，给自己和他人一个漂亮的结局。

当然，很多时候，外在的框架如法律，会为我们设置条条框框，告诉我们必须这样做，执法者也必须按照法律的规定严格执行。但是，我们忽略了一个问题，那就是法律之外还有人情。有时候，大家需要站在他人的立场上，根据实际情况来思考问题、解决问题，进行量刑。

在某种情况下，一味地严格并不是好事，多权宜，灵活处世，反而能让事情变得更加顺利，更容易解决。王阳明在做知县的时候，遇到了一桩盗窃案。其权宜、灵活处世的态度和手段，不仅没有违背法律的准则，而且体现了人性中温情的一面。

一名叫李二的盗贼被捕后，供出了与他一起偷盗的两个同伙。按理说，这个案件毫无悬念，但在王阳明准备宣判的时候，李二却说王氏并没有与他一起盗窃，他的招供是诬陷。这让王阳明束手无策，据王阳明了解，王氏曾到监狱中探过监，而李二很有可能是收了王氏的钱财才临时变卦的。可是王阳明并没有证据，也就无法宣判。

后来，王阳明在复审的时候，故意中途借故离开，只留三人在堂上，实际上他早就让一名衙役躲在了公堂的桌子底下。他们三人说的话这名衙役听得清清楚楚，王阳明回到公堂后，正准备对这三人宣判，没想到案件又出现了戏剧性的一幕，李二年愈八十的老母亲来到公堂之上，请求王阳明轻判，并道出了事件的始末。原来李二是为了赡养母亲才出此下策，如果他被重判，他的母亲就会无人照顾。

看到李二年老的母亲，王阳明不禁动了恻隐之心，而此时李二也对自己的行为懊悔不已。最终王阳明想了一个两全其美的办法，他判李二刑期一年，但是他不用待在监狱服刑，而是去被偷盗的那人家中服刑，来赎自己的罪，顺便照顾自己的母亲。这个结果得到了众人的肯定，大家都被王阳明知权宜、灵活处世的行为深深感动。

为人处世，必须要学会具体问题具体分析，去真心感受别人的心境，而不是一味地固执己见，忽视了人情。

——《传习录》心学人生——

灵活处世，不仅要求我们具体问题具体分析，更要求我们用自己的真心去感受别人的心境，千万不要因为固有的模式而忽视了人情。世间冷暖，又有谁不通人情呢？

7. 透彻心看清谁是至诚人

生活在人世间，你会遇到形形色色的人，如何结交朋友，如何找到至善至诚的人是一门学问。王阳明所提出的至诚，首先要求自己不欺骗自己，做到心善至诚，心怀坦荡，做事光明磊落，这样自然而然会得到别人的尊重。你对自己的严格要求与真诚，会让你用一颗至诚的心、一颗诚意的心来对待身边的人，用至诚的心去发现至诚的人，结交真诚的朋友，享受真诚带给你的心灵盛宴。

《传习录》言：“凡学问之功，一则诚，二则伪。凡此皆是致良知之意，欠诚一真切之故。”这段话告诉我们，凡是做学问的功夫，专一就是真诚，三心二意就是虚伪。导致美好道德遗失的原因，都是缺乏真诚、精一、真切的缘故。佛家说心诚则灵，可见真诚的力量多伟大，而一个人内心深处拥有真诚的信念和善念是最难能可贵的。一个不真诚的人在真正至诚的人面前，所有的缺点都会暴露无遗，但是他会戴上一副伪装的面具，遮遮掩掩，让他人窥探不了自己的内心。但是他们这样的做法却适得其反，越是这样，越会让真诚的人觉得他是一个虚伪的人，一个不值得结交的人。这两者的根本区别在于，真诚的人，真心向善，充满善意，无愧于心，而虚伪的人则是虚情假意，竭尽全力隐藏并伪装自己的内心。

很多时候，你会发现有些人在做某件事情时，敷衍了事，太没有诚意。在这种情况下，如果这个人做了一件好事，那么别人也不会觉得感动，因为没有诚意的行为在旁人眼里，空有虚伪的外表，没有真诚的心。

而一些情况却能够赢得他人的尊重。我们诚心诚意地去帮助他人，秉持一颗至诚的心，但虽然我们付出了泪水和汗水，结果却不尽如人意。这时候，我们反而不会受到他人的指责，还会得到对方的宽慰。因为他们知道你是一个至诚的人，你的诚意天地可鉴。

一个人只有内心充满善意才是一个至诚的人。试想一下，一个本来内心充满恶意的人，你强加给他善良的意念，虽然他被动去做了一些事情，却并非发自内心，那么他的行为就会失去原本的意义，也不会给大家带来积极的影响和结果。而一个用真心，用善意，用至诚去打动他人的人，却会收到意想不到的结果。

你的真善，你的至诚，不仅可以帮助他人，也会带来很多积极的影响，并且取得感染他人的效果。一个真善至诚的人不仅会收获他人的信服，还会相对容易地使自己取得的成功。所以，任何人，都必须自己先做到至诚，然后再带着诚意的信念，去发现至诚的人，携手造福更多的人。那么，在日常生活中，我们如何发现至诚的人呢？这既是一门学问，也是一种大智慧。

首先，长时间相处。也许刚开始你会觉得某人是一个至诚的人，但是随着你们长时间的接触和交往，你会发现他的所作所为都是刻意地伪装的。一个真正至诚的人，在任何时候都会以真诚待人，而不是停留在短暂的诚意之上。

其次，一起共事。无论在职场上，还是在日常生活中，两个人相处，不可避免地会遇到利益的冲突，会遇到功名利禄的争执，这是考验一个人是否至诚的真正法宝。一个真正至诚的人，不会计较功名利禄，不会在乎荣辱，只要大家开心就好。

最后，关爱他人，不自私自利。真正有诚意，至善的人，在面对集体利益和个人利益的冲突时，总是把集体利益放在第一位。与此同时，身处社会大家庭中，他们关爱他人，关爱集体，用自己的至诚去打动更多的人，并与大家携手创造更加和谐的社会。

一个人，首先必须拥有至诚的心，才会带着至诚的心去发现身边至诚的人。一个真正至诚的人，无论何时都会以至诚的面目来对待身边的人，而不是伪装，因为所有的伪装都是暂时的，早晚要以真面目示人。

——《传习录》心学人生——

每个人都应该带着至诚的信念，至诚的善意，去感动身边的人，感染身边的人。你还在等什么呢？让我们一起用至诚的心去发现身边至诚的人吧！

第九章

小心

君子当慎独，处处谨慎就是“圣算”

面具就是烦恼，那么，何必戴着烦恼人前一套背后一套？独处之时，尤其更要谨言慎行，修心就是修根，唯有根稳定，我们才能时时戒惧，远离放纵和欺骗。无论何时何地，克己之人才会更有『圣算』。

1. 随时随地心有“理”

“内不欺己，外不欺人，上不欺天，君子所以慎独。”王阳明的这句话说明了“慎独”的重要性。所谓慎独，是指不管是在公众场合还是在私底下，我们都要严格要求自己，做到始终一致，不能因为别人看不到，我们就做一些违背伦理道德的事情。真正的智者始终是内外一致的，他们明白自己的人格与修养不是为了让别人看，而是为了塑造更加完美的自己。

我们做人的道德和原则是每个人必须恪守的，任何时候都不能抛弃。我们不能因为场合不同就改变原则，不能因为时间不同就伪装自己。一个人只有做到明理，才能对得起自己的良心，才能与他人和睦相处。凡是不明事理、没有道德的人，在他人面前就好比披着羊皮的狼，终有一天他会受到人们的唾弃和谴责。因此，王阳明认为人要做到慎独，要做到何时何地心中都有“理”。

只有做人先明理，才能做事明理，要想成为真正的君子和智者更是要做到何时何地心有理。心有理是一种道德情操，更是一种境界。一个人只有坦然面对事情，坦然面对自我，内心才能光明磊落，才能不畏惧权贵。

刘某是某公司的一位文案策划人员，只有本科学历的他，是一个对自己要求非常严格的人。他知道自己的学历不高——他的同事都是研究生及以上学历，因此很努力，无论是编辑文档，还是设计图片效果，都非常认真。他的顶头上司看到他的努力，对他说：“你好好努力，就以这样的标准严格要求自己，慢慢你会超越其他学历比你高的人，成为一名优秀的策划师。”

刘某将上司的话记在心里，并以更高的标准来要求自己。一次，他和同小组的孙某一起完成一项工作，由于时间紧、任务重，再加上孙某自认为学历高，这点工作不在话下，粗心大意地把其他公司的图片插入了这份策划案中。后来，刘某也没有认真核对孙某的工作，把自己的任务完成后，便把两人的工作一起交了上去。

上司在审查这份策划案时发现了错误，非常生气，便将两个人叫到办公室，询问事情的始末。没想到没等刘某开口，孙某就说这份策划出错的部分不是他负责的，他负责的是前半部分，而且文件的后半部分确实有刘某的签名。这让刘某感到无奈，他百口莫辩，只能承认是自己的过错。从办公室出来后，孙某对刘某说，我学历高，大家不会认为那是我犯的错，况且谁也不知道是谁做的，而且还是你签的字，我这么说，你觉得老板会相信谁呢？

刘某虽然很气愤，但想想也释然，自己确实没有好好检查，又是自己签的字，这能怪谁呢？以后还是对自己要求严格一些吧！反正对得起自己的良心就好了。接下来的时间，刘某对每份策划都认真审核，他能力越来越大。而孙某就不思进取，上司终于发现了问题所在，便辞退了孙某，而刘某则顺理成章地被上司提拔为其助手。

做人做事都是给自己看的，而不是给别人看的。一个在背后诋毁他人的人，以为没有人会发现自己的错误，实际上从根本上就错了。若想人不知，除非己莫为，一个人只有做到随时随地心有理，才能坦坦荡荡做人，认认真真做事。

一个人要对得起自己的良知，对得起自己的良心，千万不要人前一套，人后一套，在公众场合和私下场合是两个自己。一个遵从慎独的人，能以高标准来要求自己，无论何时何地，都能排除任何外在利益的诱惑和羁绊，做到心有理。

要做到无论何时何地心中都有理，需要我们长久地坚持，而不是坚持一段时间就放弃，那样的话，终究无法成为一个致良知的人。

——《传习录》心学人生——

与人相处，要明辨是非，严格要求自己，无论在什么场合，什么时候都能以理来要求自己，不做违背理的事情。如果你能随时随地守住自己的本心和内心的道德，那么你的内心自然而然会变得强大，变得无坚不摧。

2. 人前人后莫张狂

“圣人之所以能常久而不已者，不外乎一贞，则天地万物之情，其亦不外乎一贞也，亦可见矣。”圣人之所以成为圣人，是因为他们一点一滴的积累，是因为他们十年如一日的努力。无论是面对成功还是失败，他们都能够坚持自己的初衷，不改心中的目标，为他们的目标不断努力，所以他们才能成为圣人。

王阳明在其心学思想中提出，治学要严谨，为人要谦虚，切不可狂妄自大，觉得自己了不起。他认为，就算是你很优秀，很有能力，那也只是在你的圈子里，这个世界很大，比你优秀的人多如牛毛，何必要在人前狂妄，迷失自我，得不偿失呢？

出身名门的王阳明是幸运的，本可以凭借家族的实力过舒服自在的生活，也不必为功名努力，但他却对家庭条件不以为然，努力攻读诗书，甚至比常人要更加努力。考取功名后，他也没有因此而张狂，反而更加谦逊，更加从容淡定，面对逆境如此，面对顺境更是从此。他从来没有忘记自己的使命和责任，也从未忘记自己的志向，他始终坚持不懈地努力，潜心研究，终成一代大儒。

俗话说，山外有山，人外有人。人并不因谦逊而显得卑微，反而会显得更加伟大。无论你多么优秀，都不要在他人面前张狂，更不要小看别人，目中无人，因为他们很有可能会在某一天超越你。越是优秀的、眼界开阔的人，越是会努力保持自己的优势，并发现自己的不足，努力改正。相反，一个只看到自己优势而看不到自己弱势的人，长期下去便会故步自封，阻碍自己的发展和进步。谦虚低调、不张狂是一种美德，更是一种修养。古往今来，很多人都做到了谦虚低调、不张狂。

据说，孔子在去齐国的途中，遇见两个小孩在讨论太阳远近的问题。其中一个小孩说早上太阳和煦温暖，中午太阳火辣辣的，所以太阳早上离我们远，中午离我们近；另一个小孩则不以为然，认为太阳早上大得像篷盖，中午小得像菜盘，所以太阳早上离我们近，中午离我们远。二人争执不下，请孔子评判，没想孔子也解决不了这个问题，只好告诉二人他也回答不了这个问题。

古希腊著名哲学家苏格拉底才华横溢，其启发式的教学方法影响了后代很多人。他用启发式的教育方法，启迪青年人智慧，挖掘他们的潜力。每当别人赞扬他学识渊博，是不可多得的人才时，他总是谦逊地说：“我唯一知道的，就是我自己的无知。”由此可见，苏格拉底是个何等谦逊、不张狂的人。

一个谦逊、不在人前张狂的人，肯接受他人的批评，并且会虚心向他人请教。一个有真才实学的人往往虚怀若谷，谦虚谨慎，不张狂，而一个喜欢在人前张狂的人，往往骄傲自大，自以为是。谦逊是一种美德，是获取成功的必备素质。我们每个人都应该向这些伟人学习，在谦逊中成长，拒绝张狂自大。

古人云，满招损，谦受益。只有学会谦虚，我们才能不断奋发向上，不断实现自己的目标。我们每个人都应如此，拒绝张狂腐蚀你的心灵，在谦逊中绽放自己的魅力。

——《传习录》心学人生——

王阳明说，人生在世，学习本无止境，你永远不知道你看不见的世界有多大，因此你只有学会谦逊，在谦逊中成长，在谦逊中保持自己的优势，在不张狂中弥补自己的劣势，才能做最棒的自己！

3. 放纵是修心的大忌

在王阳明的心学思想中，特别强调对自我的严格要求，严格要求自己对我们修行、提升良知和道德很重要。严格要求自己，能让自己受益终身，随意放纵自我，会给自己带来未知的灾难，更是修心的大忌。一个没有约束的人，就好比一个断线的风筝，在空中飘来荡去，不知道自己的归宿在哪里。

一个人要能够接受他人的批评和指责，以便从中发现自己的缺点，并及时清扫内心的灰尘。而一个随意放纵自己的人，不只会放纵自己的言语，也会放纵自己的行为，这都会给自己带来不利影响，更会给自己的内心带来创伤。

一个人在任何时候、任何状态下都不能放纵自己。胜不骄，成功了不能放纵自己，要学会谦逊，否则下次你很有可能就会失败；失败了更不能放纵自己，要学会从失败中汲取教训，只有这样你才能脱离泥泞，战胜自我，赢得崭新的人生。

王阳明小时候沉迷于围棋，父亲的鼓励点醒了他，让他明白了对自我严格要求的价值和意义。自此之后，王阳明便潜心学习，时刻严格要求自己。为官，他要求自己不贪功名，不因为官场的混浊而丢失了自我；研究学问，他要求自己一心一意，不能因为放纵自我而毁了之前所有的努力和付出。

王阳明用一生的努力和付出告诉我们，每个人内心都应该有一把尺子，秉持自己的原则和底线，而不是任意放纵自己。你要对自己严格要求，而非一味地放纵自己的情绪。当然，你可以放松自我，但是放松并不是放纵，二者有本质上的区别。

很多人喜欢参加酒会，喜欢跟大家觥筹交错、亲密交谈。在这样的场合，你会得到极大的放松，卸下所有负担，让内心得到释放。但是，这并不代表你可以放纵自己，喝得酩酊大醉。在这个轻松的场合，每个人都在放松，但是你要内心拥有一份持重，而不是无所顾忌地放纵自己，做出一些与自己所坚持的原则相悖的事情！

你可以在酒会时放松一下，但不能忘记最初的你，无论你在什么地方，都要有教养，记得自己的本心。记得你是一个严格要求自己的人，当然这并不是说你不能给自己的心灵释放的机会，而是告诉你不能放纵自我。要知道，你的放纵在很大程度上是对自我内心原则的放弃。

放纵是修心的大忌。一个人不可能不顾伦理道德，随意做自己想做的事情，觉得只要开心就可以了。要知道，你这样做，不仅得不到自己想要的东西，而且会让他人觉得你是一个不会尊重他人的人，这样的你不会受他人的欢迎。

放纵是修心的大忌。你无所顾忌，想做什么就做什么，不顾他人的情感，不坚守自身的原则，不以真诚待人，又怎么指望他人真诚待你呢？你没有原则，又怎么能学会为人处世呢？

放纵是修心的大忌。你放纵自我，意念一个样，言语一个样，举止又一个样，这样的你始终做不到言行一致，短时间内可能大家看不出你的内心，但是长此以往，大家都会知道你是什么样的人，你也永远达不到道德的最高境界，永远不是一个言行一致、有高尚良知的人。

一个人若想成为一个有良知的人，就必须严格要求自己，而不是放纵自己，放弃自己的原则，让自我迷失，不知归途。

——《传习录》心学人生——

放纵是修心的大忌，千万不要放纵自己。放纵自我不仅不会让你得到什么，反而会让你失去更多。做一个有良知的人，在严格要求自我中努力成就自我，坚守原则！

4. 克己也是修行

“人须有为己之心，方能克己；能克己，方能成己。”王阳明这句话的意思是说人需要有为自己着想的心，才能克制约束自己；能够克制约束自己，才能成就自己。这句话告诉我们，人生活在世间，一定要学会克己。

为人处世，坚守固有的原则也好，深谙世事也好，都是做事的基础，都必须通过克己来实现。所谓的克己，并不是说我们要压制自己的梦想、欲望，而是指通过不断的反思，修炼自己的内心，达到修行的目的。王阳明认为的克己其实就像佛家的戒律，只要在观念上不走歪路，不压制自己的梦想，明白这样做是为了修炼自己的内心，汲取本心中真正善良美好的品质和意念，便达到了心灵修养的最佳境界。

君子坦荡荡，小人常戚戚。君子之所以被称为君子，克己是其必备素质，突出表现为“君子有所为有所不为”。他们为自己的言行举止设定了一个准则，这个准则既符合自己的本心对自己的要求，又符合大众对伦理道德的认识。在有了准则之后，他们会在为人处世的过程中不断地对自己的言行举止进行反思，从内心深处了解自己、反省自己，从而不断地超越自己。

克己从本质上来说是对自我的约束，对于君子而言，战胜自己远比战胜他人更重要。假设你是一名老师，如果你设定的班规连自己都不能遵守，你又怎么能期待自己的学生会遵守呢？如果一个人连对自己最起码的要求都做不到，即使再有能力，又怎么能以同样的要求来要求身边的人呢？

一个能够自我约束、克己的人，一定是一个内心足够坚定、意志力极强的人。他们能够按照自身的要求打造自己，也能够通过自我反省，纠正自己的错误，努力打造一个独一无二的自己。

父母是孩子最好的老师，父母为孩子设定各种框架，告诉他们什么该做，什么不该做，但前提是，你为孩子定的各种规矩你自己必须做到。如果你告诉孩子做人要诚信，你就必须要先对孩子诚信，答应孩子的事情必须要做到，这样孩子才会在自我约束中坚持下来。有时候，克己不仅需要外界的监督，更重要的是自我的监督。

王阳明小时候非常喜欢下棋，由于太过贪恋因此而耽误了学业。为此，他的父亲王华对他进行了深刻的教育，而年幼的王阳明也正是在父亲的督促和教育下找到了方向。自此之后，王阳明学会了专注，一心放在做学问上，严格要求自己，自我约束，做到了真正的克己。

一个真正懂得克己的人，必然是一个受大众欢迎和尊重的人。他们秉持正确的价值观，懂得自我约束，懂得自律，能够克服自己的私欲，能够站在他人的立场上思考问题。完成一件事情后，他们也能够进行反思，反思自己的对与错，对的就继续坚持，如果错了就努力改正，以免下次再犯同样的错误。

一个人要做到真正的克己，就必须学会独立思考，学会反思，并接受外界和他人的监督，考虑他人的利益，切勿自私自利，在与他人接触的过程中减少犯错、走弯路的概率。

如果发生一件不好的事情，真正克己的人会克制自己的负面情绪，进行自我反省，并想方设法寻找问题的根源。一个真正克己的人内心足够坚定，面对事情不慌不忙，能够展现独一无二的做事风格，能够在克己中达到致良知的境界。这样的人生才有价值，才有意义。

——《传习录》心学人生——

能否做到克己，考查了一个人的内心是否坚定、意志是否坚韧，克己体现了一个人内心拥有的力量，也是一条真正的自我修行之路。

5. 面对未知当谨慎

君子慎独，不武断行事。面对未知的事情时，我们千万不要让情绪主导了自己的头脑。面对未知，我们无法预料，但是我们可以用心来感受，利用本心来观察事情的前因后果，以此来推测事情的发展趋势，找到解决问题的最佳办法。

有些人会在情绪激动的时候做决定，有些人会在迷茫的时候做决定，那么可想而知，这些人所要承担的风险会很大。王阳明在心学中提到了慎独，就是告诉我们，面对未知、面对未来时，应该持谨慎的态度，而不是让情绪或者其他因素左右我们的思想。要知道，一旦你贸然采取某种看似可行的措施，结果很有可能是灾难性的。

我们没有超能力，但是我们可以具体问题具体分析，实事求是地作出决定。比如，在人际交往中，你并不确定他是值得结交的朋友，并不确定他是否心存善念，那么请留给时间解答吧，记得谨慎，记得用心观察。一段时间之后，如果你认为他是一个可以信赖、结交的朋友，那么就大胆迈出坚定的脚步，这样才能避免你因此而带来的损失。

小张是新上任的人事经理，公司为考核他的能力，为他安排了一项任务。原来，公司要进行改革，要提拔一些有能力、品格优秀的人担任部门经理、副经理。公司的同事在听说这个消息后，纷纷表示要好好表现，因此他们在小张面前表现良好，希望小张能够看在眼里，发现其能力，好得到相应职位。

小张深感责任重大，这一方面是对他能力和水平的考验，另一方面也关系到公司的发展，因此他并不急于对公司的同事予以定性。首先，他对所有同事以往的业绩、性格、家庭环境等做了初步了解。紧接着，他与所有同事一一进行了对话，了解了他们的工作状态。与此同时，他还组成专门的审查小组，对所有同事进行考核，但是这个小组是秘密的，并非公开的，为的就是更好地为公司选拔优秀员工。

半个月过去了，公司领导询问小张工作进展。小张告诉上司，提拔员工是关系到公司发展的大事，急不得，只有通过一段时间的观察和考核才能做出正确判断。这就好比一个有花有草的花园，要想知道谁是杂草，谁是花儿，就必须等它们长大，而不是在它们还没长大时就做了决定。上司听了小张的话，佩服至极，觉得他完全可以胜任人事经理的职位。两个月之后，经过小张的筛选，公司也得以选拔出一批优秀的员工，达到了最终的目的和效果。

一个人如果莽撞行事，不经过认真观察就做决定，很有可能错失了机遇和人才，所以谨慎在我们的生活中非常重要。保持耐心，等待花儿绽放，千万不要在它还未开花的时候就觉得它不是一朵好花，而把它当杂草除掉了，这样留给你的只有后悔和懊恼。

所以，面对未来，我们虽然无法了解事情的最终结果，但是却可以根据客观条件进行推测，请谨慎地处理事情，而不是任由自己的情绪肆意发挥。学会慎独，学会用心去体察，才可能有好的结果。

不要因花费时间等待一件看似没有结果的事情而懊悔，你缺乏的是耐心，你只是因为暂时的利益而迷失了方向，忘记了自己的本心。因此，每个人在面对未知的时候，都要学会谨慎，学会有耐心，学会操控自己的情绪，不在冲动的时候作决定，不在莽撞的时候轻易决定自己的未来。只有这样，你才能减少自己犯错的机会。

——《传习录》心学人生——

君子慎独，谨言慎行，不武断处事，用内心体察事情的发展方向，在体察中感知未来，在体察中拥有明天。

6. 心为根才有“圣算”

凡事，心为根，心为本，以心为根才能有“圣算”，才能在心学的道路上立于不败之地，这是王阳明的处世哲学。纵观王阳明的一生，他一直在为家国大事执着努力，纵然被贬也心系百姓，因为其不忘初心，知道自己的责任，哪怕是小小的举措，也承载了其为民为家的高尚的道德情操。从横向来看，他一直在为实现小时候的伟大志向而努力，相信终有一天他能够参透心学真谛，最终他做到了，成为一代大儒。

树有根才能长出枝叶，才能长成参天大树，人亦是如此，有了根，才能成长为更加优秀的自己。对于人来说，就要从内心寻找答案，以心为根，以心为基础，我们才能在想要放弃的时候坚持下来，才能坚定自己内心的，才能在大千世界中更加从容不迫，才能做到知行合一，做一个道德高尚的人。

刘倩和吴华一同进入世界五百强企业实习。刘倩从名校毕业，曾出国进修，是一个很有能力的人，但是为人高调，不谦虚，做事有点马虎；吴华毕业于一所普通院校，为人低调踏实，虽然做事慢，但是谦虚，遇到不懂不会的就虚心向他人请教，是一只潜力股。

两人都非常珍惜这次来之不易的实习机会，因为实习结束后只能有一个人留下来。为此，两人都下决心要打败对手，分管两人的经理也把两人的表现看在眼里，大家对她们的努力也都有目共睹。为了更好地考验两人，部门经理想出了一个好办法。

公司让两人到外地出差，但事先并没有告诉她们具体干什么。当两人到达目的地的时候，公司才告诉两人要在此照顾孤寡老人和留守儿童。刘倩听到公司的任务，顿时哑口无言，表示很无奈，觉得这与自己的本职工作并没有什么关系，她觉得自己好歹也是名校毕业的，来到这种贫困不堪的地方很丢面子，所以这一天她选择了无所事事。

与刘倩不同，吴华从小在农村长大，她能够切身体会到孤寡老人和留守儿童的辛酸。听到公司布置的任务后，她欣然接受。一天之中，她给孩子们讲故事、唱歌，和他们做游戏；她陪伴孤寡老人聊天，与他们聊家长。

半年过后，吴华凭借自己出色的工作能力以及谦虚谨慎、待人温和，有责任心、关爱他人的品德留在了公司，而刘倩只能遗憾地离开。

按说，刘倩的条件更好，但是公司却选择了吴华。而吴华能够顺利留下来的根本原因，是因为她的为人，她从来都不曾忘记初心。无论是在与他人竞争的过程中，还是私下里与他人相处的时候，她都能够坚守自己的本心，做有良知的人，而并不是一味地追求能力的提升。一个人如果连根都没有，没有坚定的内心，没有善良的信念，又怎么能赢得他人的赞赏呢?

如果生活在物欲纵横、尔虞我诈的世界，无论你是正在追梦的人，还是已经实现梦想的人，都要随时停下自己的脚步，追寻内心的根本，而不是在利益中迷失自我。一个记得自己根本的人，一个时刻反省自我的人，必定能够在奔赴成功的道路上少些坎坷。

人非圣贤，但是却可以努力成为圣贤。如果我们时刻记得自己心的根本，时刻记得自己的方向，努力做到知行合一，提高自己道德情操，那么离圣贤就不远了。

——《传习录》心学人生——

以心为本，以心为根，在人生的道路上不忘初心，在不忘初心的基础上实现自我，在不忘初心的基础上奔赴梦想，成就未来！

心为根才有“圣算”，努力践行，不抛弃，不放弃！

7. 不欺人，不骗心

君子为人处世，内外兼修，言行一致，心口如一，不欺人，不欺己，符合道德标准，也对得起自己的本心。王阳明认为与人相处，要做到慎独存诚。所谓慎独存诚，是指无论做什么事情都要言行合一，不欺骗自己的内心，不欺骗他人。真正的君子，无论面对公众，还是自己独处，都能够做到言行合一，不像那些戴着面具的伪君子，人前一套，人后一套，心里想的除了利己，还是利己，既欺骗他人，也欺骗自己。

王阳明所提倡的言行合一、内外一致，不仅指我们内心的正直和善良，更包括我们做事的公平公正。王阳明心学中提到的有良知的人，不会违背自己的本心去做损人不利己的事情，也不会因为利益违背自己的初衷。这样的人是勇敢的，是正直的，是能够得到他人信任的。

要想做到内外一致，首先必须对自己的内心进行省察，看看自己的内心是否存在某些恶意的观念，要摒弃恶念，保持一颗诚挚的心。人的内心所想，是通过言行举止来体现的，如果一个人内心留有恶念，那么他的某些恶念必然通过行为表现出来。所以，一个人必须内心足够真诚，拥有足够的善念，摒弃恶意对自身的牵制和束缚，才能开始下一步行动。

在你做事情时，可能会遇到利益的诱惑，这个时候你要足够冷静，千万不要因为蝇头小利而丢失了自己的初心，丧失了自己做人的准则。我们生活在这个世界上，每个人之间都是相互联系的，你不可能不与他人接触，如果你自私自利地不考虑他人的利益，终有一天被大家所讨厌，会离你远远的，只留下你自己默默悲哀。

一个人的良知是深深扎根于心中的，不会受外界影响而变化。一个真正有良知的人，能够秉持心中的善念，做到心中有数，做事有分寸，按照自己的原则来，而不会因为蝇头小利乱了阵脚，做出损人不利己的事情。

小芳是一家公司的基层员工，日子过得平平淡淡，她也满足于这种生活状态。她在公司里虽然不是最出色的，但却是最勤劳、最肯吃苦的，老板也对其赏识有加，准备为她升职。

一天，她所在的部门副经理交给她一封信件，是关于部门经理贪污的事。副经理对她说：“你这么勤劳却没有升职的机会，太不公平了，如果你能把这封信件交给上层，举报经理贪污，等我做了部门经理，就提拔你做副经理。”小芳觉得这是个千载难逢的好机会，但是仔细一想又觉得天上不会掉馅饼，于是告诉副经理自己不能这样做。

遭到小芳的拒绝后，副经理又找了另外一位员工让其举报，这个人二话没说就去举报了。结局却出乎意料，他非但没有升职，反而被开除了。原来，这是副经理自编自导的一场戏，为的就是升职。事后，小芳庆幸自己恪守了自己的本心，没有做出损人不利己的事情。

做人要光明磊落，要对得起自己的良心，不要伤害他人。如果你只想着获得个人利益，甚至不惜伤害他人，久而久之，你心田的美好就会被恶魔侵蚀，你更会失去自我。因此，与其想尽办法获得利益，不如坚守初心，不欺人，不骗心。

——《传习录》心学人生——

为人处世，内外兼修，言行一致。在言行一致中，像王阳明一样培养自己高尚的道德情操，在言行中坚守自己的本心，做到不欺人，不骗心，做真正的君子。

8. 尽知不如无知

王阳明在其心学中指出，一个人无论何时都不能停止前行的脚步。

也许你会说:“我已经察觉到了事情的结果，我知道我会成为舞台上最亮的那颗星，所以我就不用努力了。”但是你不知道的是，你在停滞不前，而他人却一直在进步，所以你是输在了起跑线上，你输的是自我。

所谓尽知不如无知，是说你因为预知到未来的风险，而什么都不愿意做，不如什么也不知道，脚踏实地、一步一步去做。与其等待他人来决定自己的命运，不如摆脱条条框框的束缚，自己主宰自己的命运。一个人在为自己设立某个目标时，千万不要盲目否定自己，认为自己做不到。只要你肯行动，你肯勇敢地迈出第一步，不管你遭遇多大的挑战，未来必然会有所收获。否则，你终究会一事无成。

只有付诸行动，才能检验你的行动是否正确，才能检验你的目标是否可以顺利完成。正所谓，实践是检验真理的唯一标准。未来不可预知，在通往未来的路上难免会有困难和阻力，勇敢的人会敢于突破自我，最终创造奇迹。也许，在你最初面对困难时，你会彷徨，但是在你披荆斩棘的过程中，你会不断突破，最终找到一条属于自己的成功之路。

众所周知，高考很难，但是你不能因为知道难就直接放弃，就不去付出努力。其实，高考考的不仅是知识，更是心态。你可能会遇到很多困难和阻力，但是不管怎样你都要努力学习，在克服困难的过程中，你会战胜高考，战胜自我。

也许你在脑海里畅想了无数次自己会遇到的问题，你也清楚自己遇到问题的结果，但是你仍然要继续努力奋斗，一步一个脚印地、扎扎实实地前进。在奔赴成功的道路上，你要告诉自己，无论有多大的艰难险阻，你都可以克服，这些困难都不在你的心上，心态是你赢得成功的最佳法宝，否则，你会永远是个失败者。

尽知不如无知，你不必知道前方有何妖魔鬼怪，不必知道未来对你来说意味着什么，你只要踏踏实实地走过人生的每一步，在奋斗和打拼中战胜自己，勇敢地面对远方就可以了，这样你才会遇到真正勇敢的自己。

王阳明的一生是坎坷的，他没有想到自己会落榜两次，也没有想到官场一路坎坷，他对未来是无知的，但是他清楚自己的内心，清楚自己的志向。因为内心的坚定，因为内心的志向，他始终努力奔向成功，最终实现了自己的志向。他用自己的一生阐释了无知的力量和魅力。

未来不可预测，但自己的内心却可以明确，因此，不管未来怎样，都要勇敢前行。扎扎实实做事，用心做人，突破自我，做最棒的自己！

——《传习录》心学人生——

尽知不如无知，无论未来有多渺茫，无论有多大的困难，都坦然待之，勇敢地面对前方，勇敢地挑战自我，告诉自己可以战胜自己，因为内心的力量是无穷的。

第十章

孝心

百善孝为先，安家、持家靠孝道

孝亲是人生最大的使命，也蕴含着无尽的幸福。回报父母的养育之恩，其实是生命承载的智慧，而你也在行动中让下一辈见证了安家、持家的基本法则。

1. 时刻念父母生养之恩

常言道："百善孝为先。"孝是中华民族的传统美德，是指儿女的行为不应该违背父母、长辈以及先人的心意，孝是一种稳定伦常关系的表现。世界上最重的恩情莫过于父母的养育之恩，这是值得我们用生命去珍爱，用至诚的心灵去感激，用切实的行动去报答的恩情。王阳明曾说："善人也，而甚孝。"意思是说，孝行是人的一种本能，是致良知的一种表现，也是一个人在世上生存所必须具备的品质。

王阳明是一个很重孝道的人。他被贬谪到龙场时，实际上他是有机会远走高飞的，但是因为担心父母的状况，他并没有离开。父母年纪大了，身体状况堪忧，自己如果走了，他们的安全很可能就会受到威胁，父母生养自己，绝不可以丢下他们不管。况且他觉得作为子女，如果因为自己让父母担惊受怕，实在是不应该，他时刻记得父母生养自己的恩情，理解父母为自己付出的辛劳。因此，他硬着头皮在龙场一待就是好几年，即使面对困难，也先以自己的父母为重。这是作为子女内心深处的孝敬父母的情怀。

时刻感怀父母的养育之恩，是为人子女的应有之义。我们都知道"羊有跪乳之情，鸦有反哺之义"。在奇妙的自然界，很多动物都会出于本能去感激自己的父母，那么作为高等动物的人类，更应该时刻记得父母的生养之恩，从小事做起，感恩父母、回报父母，不仅包括物质上的，还包括精神上的、情感上的。父母是我们人生的第一任老师，一个孩子从呱呱坠地的那一刻起，他的生命里就倾注了父母无尽的爱与祝福。或许，现在父母不能给予我们奢华的生活，但是，他们给予了我们最为宝贵的生命。

徐爱曾向王阳明请教："至善只求诸心，恐于天下事理有不能尽。如事父一事，其间温凊定省之类，有许多节目，不亦须讲求否？"他对于"心即是理"在生活中的具体表现产生了疑惑，王阳明为解其惑道："心即是理，怎么能不讲求呢？例如，讲求冬天保暖，也仅仅是要尽孝心，唯恐有一丝一毫的人欲夹杂其中；讲求夏天纳凉，也仅仅是要尽孝心，唯恐有一丝一毫人欲夹杂其中，仅仅是讲求这个心而已。这个心若是没有人欲，纯粹都是天理，是一颗诚敬于孝亲的心，那么一到冬天，自然会想到父母是否会冷，便会考虑给父母保暖的事；一到夏天自然会想到父母是否会热，便会考虑给父母纳凉的事。这些全都是那颗诚敬于孝亲的心自然生发出来的具体行动。只要有这颗诚敬于孝的心，自然而然会考虑这些具体的事。"王阳明通过"天理人欲"的理论，主张将孝悌之义落到实处，贯穿到实际生活之中，教导学生孝心发自本心，感念父母的教养之恩。

王阳明一再强调做儿女的要有一颗诚于至孝的心，为此他还举过一个很有意思的例子："对一棵树来说，树根就是那颗诚恳至孝的心，树叶就是尽孝的细节。树，必须先有根，而后才有树叶，并非找到了枝叶，然后去种根。"可见，王阳明看重的不是拿什么去孝敬父母，而是孝敬父母的那颗诚心。倘若一个人没有诚心，做不到表里如一，那就谈不上是在尽孝，那所谓的"孝心"也就成了无根之萍，怕是也不会长久。

父母给予我们生命，让我们有机会在这个世界上感受阳光、雨露，经历悲欢离合。没有父母的生养之恩，便不会有我们。时刻记得父母的恩情，无论在何时都是为人子女应该做的事情。而我们要做的，不仅仅是感念这份情意，更重要的是还要将感恩、孝道落到实处，怀着诚敬于孝的心，孝敬自己的父母。

——《传习录》心学人生——

父母为子女撑起了一片爱的天空，当你受伤时、哭泣时、忧郁时、难过时，你可以随时回到这里，回到这个叫作“家”的港湾，享受父母的爱，享受他们给予你的关怀和理解，感受这世界上最真切的暖意。感恩父母，哪怕是一件微不足道的事，都能让他们感到欣慰。时刻感念父母的生养之恩，感恩父母，孝敬父母，是每个子女义不容辞的责任。

2. 为父母尽点孝心

常言道：“为国尽忠，在家尽孝。”孝的重点不在于口号，而在于行动。不光要时刻记得父母的恩情，更要去做自己能力范围内的事情来回报父母的恩情，尽自己的孝心。

王阳明把孝行看作致良知的一个重要指标。孔子的弟子曾感慨道：“社会动荡不安就是因为一些不孝的人流窜于上，所以才造成了文明秩序的混乱。”王阳明对此解释为：“当你不孝敬父母的时候，你应该想到，你自己的孩子就在旁边看着，你的儿女也将耳濡目染你这种不孝，说不准在不久的将来就会加倍还给你，那么未来你的生活也将陷入黑暗之中。”所以，为父母尽点孝心不仅仅是道义上的要求，也是我们祖祖辈辈得以延续的条件。

任何一种植物，都需要有肥沃的土壤才可以生长；任何一种良善的品质，都需要在谦和的孝行中来培养。每一个家庭都像一艘航行的大船，承载着爱心，能够躲避风暴，能够抗拒海浪。只要这艘满载爱的船在，家庭的责任和关爱便在，孝行也才能持久。“人生而有良知，见父母自然知孝，见兄长自然知悌……”这些都是人性的闪光点，有了孝行，家庭才能沐浴温暖，一个人的生命里才能充满明媚的阳光。

王阳明凭借自己的才智在官场上越走越远的时候，实际上也有点儿越来越轻闲的味道。南京的太仆寺少卿一职，在级别上虽然不低，是正四品，但却是个督马政的闲职，和《西游记》里孙悟空的“弼马温”差不多。

到任之后，除了督促别人好好养马之外，并没有更多的事情可做，王阳明觉得在这个职位上自己既不能很好地施展才华，也不能为百姓做多少有意义的事情，索性就请了很多时间的省亲假。在亲自送别弟子徐爱之后，他选择了留在自己的家乡，侍奉双亲，为父母尽点孝心。一直在家中陪父母到入冬，他才销假上任，前往滁州。

王阳明主张“知行合一”，即一个人如果知道了一个道理，那么就应该去实践这个道理，如果只是知道而不去实践，那就不能称作真正意义上的知道。当一个人知道孝顺的道理时，就要把孝顺付诸行动；当一个人知道仁爱的道理时，就应该对周围的亲朋好友做到仁爱。在王阳明看来，真正的知行合一就是知和行应该同时发生，而不是“先知后行”或者“只知不行”。在行孝这件事上，王阳明坚守着“知行合一”的原则，不仅自己讲孝道，身体力行地做到，也向自己的弟子传递孝道的理念，希望他们能知孝尽孝。

在拥有五千年历史的中国，无论是古代的大家，还是近代的伟人，都是尽守孝道，身怀孝心的。李密的《陈情表》、毛泽东的《祭母文》、朱德的《母亲的回忆》……这些感人至深的文章，都体现了孝义。

现实生活中，孩子大多是独生子女，孩子成了家里的“小公主”和“小皇帝”，备受父亲母亲、爷爷奶奶的疼爱，使得他们以自我为中心，孝道意识淡薄。长辈这样的溺爱对孩子并没有好处，只会让孩子变得肆意妄为。教导自己的子女尊师敬长，孝敬父母，并身体力行为他们做榜样，既是对父母尽孝，也是对后代最好的教育。

毕淑敏曾经说：“为你的父母尽一份孝心。也许是一处豪宅，也许是一片砖瓦；也许是大洋彼岸的一只鸿雁，也许是近在咫尺的一个口信；

也许是一顶纯黑的博士帽，也许是作业簿上的一个红五分；也许是一桌山珍海味，也许是一只野果、一朵小花；也许是繁花锦簇的盛世华衣，也许是一双洁净的旧鞋；也许是数以万计的金钱，也许只是含着体温的一枚硬币；但在‘孝’的天平上，它们等值。”既然如此，我们就尽自己最大的能力，为父母尽点孝心吧！

——《传习录》心学人生——

孝敬父母，不是一个口号，也没有时效性，它应该贯穿我们生命的始终。对父母尽孝，在我们的生活中不拘泥于形式，哪怕是为父母倒一杯水、做一次饭，都可以让父母开心，都是在尽孝心。这些力所能及的小事，我们很容易做到，那么我们又有什么理由不做呢？

3. 尽孝才会让心灵安宁

孝是中华民族的传统美德，尽孝可以让我们感受到自己的价值，把“孝”活出来，人生就顺畅了，心灵也才会得到安逸宁静。

《礼记》有言：“孝子之有深爱者，必有和气；有和气者，必有愉色；有愉色者，必有婉容。”“婉容”即是指修行，如果连面对自己的父母你都不能心平气和，谁会相信你有干大事业的格局和胸襟呢？每每面临大事有静气，其实就是从面对父母保持“婉容”修炼而来的。而对父母微笑是最基本的孝道，放学回家，放假回家，下班回家，用微笑面对自己的父母，不把外面的烦心事带回家，也是在尽孝。这样做，不仅可以让父母不跟着我们操心，自己的内心也会减压。

早年，王阳明为自己立下了圣贤之志，在公元1502年，王阳明从九华山回京师复命后，就开始了自己的追求。当时他只是一个芝麻绿豆大的小官，所以递上辞职的折子之后，很快就获得了批准。他即刻赶回家乡，在会稽山开始了自己潜心修道的大业。

王阳明认为心性的修养，最重要的是清除心底的杂念，如果留一点杂念在心中的话，这点杂念就会慢慢扩大，乃至滋生祸端。随着修道的时间延长，他在这种遗世独立的境界中体会到了前所未有的欢愉和自在。可是时间一长，他也渐渐有点儿坐不住了，原因便在于自己的老祖母和父亲。他们年纪大了，自己不能在跟前尽孝，实在是不孝，但是自己又不想放弃对圣贤之境的追求，王阳明很矛盾，他觉得自己就像高空中飞行的风筝，孝亲之念就是牢牢系着他的绳索。

尽孝的念头让王阳明的心静不下来，他想要回家对祖母和父亲尽孝心。事实上，王阳明纠结了一段时间，直到有一天获得顿悟："此孝悌一念生于孩提，若此念可去，断灭种性矣。"孝心本就在自己的心中，强行想将这份念头压下去，本来就是不对的，为长辈尽孝，可以使自己的内心更加平静。

茅塞顿开之后，王阳明不再纠结，他收拾好行装回到家里，就在祖母和父亲身边好好侍奉他们，而他的修行也因为有了平静的心灵，日益精进。

百善之举，孝义为先。孝道是中华民族传统人伦道德的基础，经过几千年的传承，孝德文化已牢牢扎根于每位中国人的心灵深处。父母把我们带到这个世界上，让我们拥有了领略多彩人生的生命，作为子女焉能不孝？尽孝是对父母的尊敬，是我们对自己生命的肯定。通过孝敬父母，我们会感受到自己的价值，会觉得我们不再是靠父母生存的孩子，我们可以用自己的能力使他们感到温暖，这种感觉就是自我价值的实现，也是我们的心灵得以宁静的源泉。

子曰："孝子之事亲也，居则致其敬，养则致其乐，病则致其忧。"当今社会，随着人们生活节奏的加快与生活压力的俱增，试问能够真正做到我国传统意义上的"孝子事亲"之人还有几个呢？也正是在这种压力下，人们对孝道意识的淡化，使得人们的心灵也更加浮躁。

人类是拥有丰富情感的生灵，感恩让我们知道生命的意义，尽孝让我们获得心灵的安宁，感受爱与家庭的意义，可以使浮躁的心情变得宁静起来。

——《传习录》心学人生——

王阳明是一个敢于追求自己理想的人，同时他也是懂得孝顺长辈的人，在他的人生中，出现过很多次因为孝义而对自己所做的选择和所做的事深入思考的事。他在追梦的路途中，时刻念着孝道之义于自己的重要性。所以，在他做事情的时候，会考虑到家中的祖母和父亲，也正因为这种考虑，使得他在“孝德”面前，无愧于心，自己的心灵也得到了放松和宁静。在我们的生活中，行孝一样具有这样神奇的作用，尽孝心的人，心灵是充满爱心的，而爱会给人宁静。

4. 给孩子做出孝顺的榜样

我们从降生到这个世界上，就注定要去爱，要被爱。而其中有这样一份爱是无悔的、无怨的，是希望我们好的、深沉的爱，那就是父母对我们无私的、伟大的爱！这份爱，是我们倾尽一生也回报不了的，但是我们还是要竭尽全力去回报。它倾注了父母对我们的所有心血、所有期望、所有祝福。为父母尽孝心，任何时代都不会过时，我们不仅要自己做到孝敬长辈，也要将这种美德传递下去，传给我们的下一代。在生活中，我们要给孩子做出榜样。

孔子的一位弟子曾经感慨地说：“社会动荡不安，就是因为一些不孝的人流窜于中，所以才造成了文明秩序的混乱。”对此，王阳明给出的解释是：“当你不孝敬父母的时候，你的儿女也将耳濡目染你这种不孝的行为，甚至有可能会加倍还给你，导致你的生活也陷入无边的黑暗之中。”基于这个道理，王阳明将孝行看作是致良知的非常重要的衡量指标。

在现实生活中，孩子对待父母的态度，直接受父母对待长辈态度的影响。有这样一个故事，很值得我们思考。

很久以前，有一对中年夫妇对他们年迈的父母很不孝顺，因为老人年纪大了，干活不利索，他们就把老人撵到一间破旧的房子里住，每顿饭用一个小木碗挑选一些不好吃的东西送给老人。

有一天，这对夫妇看到他们的儿子在院子里雕刻木头，就问孩子："宝贝，你在做什么呀？"孩子说："刻木碗，等你们年纪大了就可以用了。"小孩子的话很简单，却很有力，给了这对不孝的夫妇"当头一棒"，使他们醒悟到：行孝才能维持家庭的和睦，家庭和睦了，他们老了才有儿子养。行孝是为了家庭，也是为了他们自己。

这对中年夫妇幡然醒悟，于是立刻把年迈的父母请回正屋，同他们一起居住，扔掉了那只破旧的小木碗，拿出家里最好的碗给老人用，把家里最好吃的东西拿给老人吃。他们的孩子在这样的环境下也渐渐转变了观念，从此一家三代过上了和睦幸福的生活。

由此可见，父母的榜样作用对孩子的影响是非常大的。现在，像那对中年夫妻那样冷落自己父母的情况也并非完全没有。更有甚者不仅不好好照顾父母，反而千方百计地去"搜刮"老人的钱财。他们的做法，给自己孩子造成的恶劣影响是无法估量的。因此，我们不仅需要管好自己的小家庭，还要时刻不忘照顾、孝敬年迈的父母，绝不能"添了儿子就忘了老子"。

现在社会快节奏的生活，使很多人有了不孝的借口，说自己忙没有时间，而只是给予父母物质上的满足，很长时间才会露一次面，甚至打电话的时候都觉得父母太啰唆了。可是，换位思考一下，如果我们的孩子也这样对我们，我们是怎样的感受呢？所以，为了家庭的美好，为了自己的将来，尽自己最大的努力去孝敬父母吧！如果说因为居住的地方离父母比较远，或者工作很忙平时不能和老人朝夕相处，那么就要在节假日抽时间带上孩子和爱人去看望老人，帮助老人做些家务，尽一份为人子女应尽的责任和义务。如此日长时久，孩子耳濡目染，潜移默化中也会尊敬长辈、孝敬父母。

——《传习录》心学人生——

人活在这个世界上，总需要一些个性标签和道德评价，其中孝道是我们最为看重的一个，它是一个人头上最闪耀的光环。其实，孝行并不在《二十四孝》的故事里面，而在每一位为人父母的言行举止当中。只有在关心和教育孩子的同时，向其传播孝的意义，并以身作则，才是宣扬天理和人性的正确做法。孝道被传承下去，家庭才能和睦，人生才能圆满。

5. 孝顺就在当下

很多人借追逐梦想的名义离开了父母，也因此拉远了和父母的距离。可是，你想过吗？你在梦想的道路上越走越远，却没注意他们正慢慢变老；你觉得自己越来越成熟，却没注意岁月染白了他们的双鬓。但是无论何时，他们总在默默地挂念着你。

不要总是找借口说“等以后”对父母如何如何，等以后，等自己长大了让父母吃好住好；等以后，等自己有钱了让父母过好日子；等以后，等自己有能力了再给他们需要的；等以后，等自己当官发财了再让他们风光……殊不知，其实他们要的并不是这些，他们最需要的就是子女健康快乐、生活幸福，还有就是多陪他们说说话，多看他们几眼，多打几通报平安的电话。这些事，不需要多少钱、不需要多大权力，当下你就能办到，孝顺就在当下，为什么要等以后呢？

儿子推开门看到母亲坐在桌子前吃饭，媳妇在厨房，里面传出了抱怨声：“煮淡一点你就嫌没有味道，现在煮咸一点你却说咽不下。你究竟想怎么样？”儿子拿起筷子尝了一口，对媳妇说：“不是说过了吗，妈有病不能吃太咸！”媳妇觉得委屈，自己放弃了工作，在家里伺候老的，伺候小的，还遭埋怨，转身进了卧室。

儿子叹了口气，对母亲表达了妻子想出去上班的想法，并提到自己因为升职，下个月可能会非常忙。母亲一下子就听出了孩子要将她送入养老院的意思，笑了一下说：“你们都有出息，是好事，明天把我送到养老院吧！”

第二天，儿子和妻子一起将老人送到了一所贵族养老院，好像钱多一点他们心里就会好受一点。儿子知道母亲喜欢阳光，所以特意为她选了一间阳光充足的房间。从窗口向外面望去，树荫下，一片芳草如茵，几名护士推着坐在轮椅上的老者在夕阳下散步，四周寂静得令人心酸。纵是夕阳无限好，毕竟已到了黄昏，儿子在心中叹息。在转头的时候，他看到了母亲头上的白发，惊觉，母亲真的老了。“妈妈，等着我，这次升迁的事情忙完之后，我一定把你接回去好好陪陪你。”他在心里默默地承诺道。

然而，母亲没等到他兑现承诺就得了重病，在医院，他看着躺在病床上的母亲，悲痛不已。医生来检查，看到他的样子，立刻就明白了，他嗫嚅道：“我本来想等……”

“你想等什么？行孝是可以等的事情吗？母亲就在你身边，为什么要等呢？年轻人，母亲为我们付出了那么多，尽孝道是最应该抓紧时间做的事情，行孝就在当下。”医生看着他说道。

世间有很多事情值得我们感恩、感动、感怀、感念、感激，而最难报的绝对是父母的恩情。虽然，父母对我们的要求很少，甚至可以说是不求回报的，但我们也应该及时行孝，以免日后后悔。

随着自己年龄的增长，父母亲的脸庞从年轻变憔悴，头发从乌丝变白发，动作从迅捷变缓慢，我们是有感觉的，是心疼的！父母总是将最好的、最宝贵的留给自己的孩子，像蜡烛一样燃烧自己，为孩子照亮前途！那我们身为子女的，是否为父母尽孝了呢？

树欲静而风不止，子欲养而亲不待！勿做迟孝之人，勿行假善之事！我们都知道“羊有跪乳之恩，鸦有反哺之义”。动物尚能如此，我们人类没有理由不孝：以反哺之心奉敬父母，以感恩之心孝顺父母！不要等待，现在就行动，尽孝就在当下。

其实，我们的父母亲要的真的不多，只是一句随意的问候：“爸、妈，你们今天好吗?”只是煮一顿再普通不过的饭菜，只是睡前帮他们盖好被子，只是天气凉的时候帮他们添衣服……这都能让他们高兴很久。

——《传习录》心学人生——

很多人在孩提时会说：“我长大后肯定要孝敬爸爸妈妈。”但等长大之后，却把以前的承诺抛到脑后。甚至有些人因为利欲熏心，置父母于不顾。尽孝道没有那么多的条件，如果你真有一颗孝敬父母的心，那么现在就行动起来吧，尽孝就在当下。

6. 孝道是一种生存品质

孝道代表的是一种生活态度和思想境界。那些懂得孝敬父母的人，恪守孝道，尊师敬长，对自己严格要求，赢得人们的尊重和赞扬；而漠视孝道的人，终日只懂得从父母那里索取，不知感恩和回报，只顾自己的快乐和利益，这类人则是被人们唾弃的。

在人的一生中，与父母相处的时间是有限的。尤其是在现代社会，大部分人都是读书之后就离开了父母，能跟父母在一起的时间非常短暂。珍惜与父母在一起的日子，将来就不会后悔没有好好陪父母，也不至于错过和家人在一起的美好时光。我们的生活和生命，会因为与父母和乐地相处而变得更加美好，更有质感。

陆澄向王阳明请教学问：“仁者以天地万物为一体。何墨氏兼爱，反不得谓之仁？”王阳明回答道：“父子、兄弟之爱，便是人心生意发端处，如木之抽芽，自此而仁民，而爱物，便是发干生枝生叶。墨氏兼爱无差等，将自家父子、兄弟与途人一般看，便自没了发端处。不抽芽，便知得他无根，便不是生生不息，安得谓之仁？孝悌为仁之本，却是仁理从里面发生出来。”

意思是说，父子、兄弟之间的爱，就是人心仁爱的出发点，就像树木的发芽，之后才会仁爱百姓，关爱万物，也就是生发出枝叶。墨子的兼爱说“爱”没有差别，把自己的父子、兄弟同路人同等看待，便自然没有了生长点。孝悌之义是仁爱的根本，仁爱就是从这个根本中生发出来的。在王阳明的解释中，孝悌之义，引发仁爱之心，由小爱化成博爱。这是一种让生命升华的方式，是一种提升自己生存质感的方式，通过孝道，自己的内心不再只有自己，生命也变得丰富起来。

十几年前，一首《常回家看看》唱出了无数人的心声。“常回家看看”这几个简单的字，激起了无数人的共鸣。人们总是在问，怎么做才是孝？其实常回家看看，陪伴父母就是对父母尽孝道的一种方式。百善孝为先，孝道乃为人处世之根本，孝敬父母长辈也是衡量一个人的品德的基本标准。做到老吾老以及人之老，幼吾幼以及人之幼，便会成为一个受人爱戴的人。曾子说：“夫仁者，仁此者也；义者，义此者也；忠者，忠此者也；信者，信此者也；礼者，礼此者也；行者，行此者也，强者，强此者也。”仁义忠信礼是一个人或一个群体立足于社会的根本。我们的老祖宗认为，任何事情都可以和孝道联系起来，比如那些讲求仁爱的人，通过孝道能更好地体现出仁爱；那些讲求仁义的人，通过孝道能更好地实现仁义。孝是一切高尚品行的内在依据，是实现一切善行的力量源泉。尽孝道，就是在提升自己的生存品质。

有这样一则故事：两位农村老人和儿子一起生活，老太太去世时，为了让老头子活得好些，就教给他一个方法。处理完后事，儿子和儿媳商量着让老头把财产交给他们，老头听了直摇头，告诉他们：“你们就放心吧，现在你们好好照顾我，我去世时就会把你妈的那些积蓄都给你们。”老人每天都抱着房间里的小枕头，看到儿子和儿媳进来会迅速将枕头藏起来。儿子儿媳对老头的话信以为真，更加孝顺老头了。就这样老头晚年生活过得很好，几年后，老头去世，儿子儿媳忙找到那个破旧的小枕头，打开一看，里面只有破棉絮，其他什么也没有，儿子儿媳傻眼了，存折哪儿去了，老头不是说有很多钱吗？难道他在欺骗我们？

很多人看过这个故事后，都为老太太的智商点赞。可是大家为何不想想这其中包含了多少酸楚。这样的事情在我们身边经常发生，那些让父母担心晚年过不好的人，你们的良心能安吗？难道不会因为自己的行为感到愧疚吗？

“尽孝”就是在滋养我们的生命之根。如果违背了以孝为先的道理，不管再怎么努力、拼搏，也只能以失败告终。就像树木，即便树枝树叶修剪得再好看，根上不浇一滴水，也抵抗不了自然规律，结局只能是枯萎衰败。我们每个人都渴望生活幸福美满，事业顺顺利利，那我们对自己的根，对自己的父母，更应该有感恩的心。这既是对自己生命的关爱，也是对父母生命的尊重。

——《传习录》心学人生——

祖辈、父母是我们的生命之根，如果怠慢自己的“根”，就等于怠慢自己的生命。讲求孝道，是对自己生命价值的肯定，也是我们对父母的一种责任。孝道是一种生存品质，你用爱去滋养它，必然会收获高品质的人生。

第十一章

真心

事上唯求是，真用功就别做无用功

不管做什么，都要实事求是。所谓『求是』就是追求真理，倘若我们一开始追求的就是名利，路走错了，用功越多错的也就越多。用明镜心看清是非路，不要做无用功，只要方向正确，尽心尽责多用功，自然能够马到成功。

1. 尽责方可成事

我们不管做什么事，总是要担负一定的责任。不同的角色，承担不同的责任。医生的责任是救死扶伤，老师的责任是教书育人，学生的责任是好好读书，记者的责任是将事实客观、公正地报道给受众。这些既是责任，也是想要在相关行业做出一番成就的前提条件。责任就是分内之事。分内之事因我们所处的环境和身份不同而各不相同，但毋庸置疑的是，只有尽好自己的责任，才能叫作把事情做好，否则就是失职。

每一件事，我们都要认真对待，每一个细节我们都要照章行事，否则的话，事情做不好，自己也不可能成功。在生活之中，我们每个人都担负着诸多责任，想要创造生命的价值，就必须好好地践行自己的责任。

王阳明提倡“心即理”的哲学思想，所谓理，最开始的意思是事物运动的正常逻辑或规律。“理”的意义是让我们明确责任和义务，并按照事物本身的规律或依据一定的标准对事物进行加工、处置，以自我的约束为基本手段；所谓理学，是推究事物发展变化的各种规律，寻找事物本质特征的学问。人要明白自己对他人的责任，要明白高尚的道义，人生存的意义在于完成自己的责任。

张骞是汉代卓越的探险家、旅行家与外交家，对“丝绸之路”的开拓有重大的贡献，他开拓了汉朝通往西域的道路，并从西域诸国引进了汗血马、葡萄、苜蓿、石榴、胡桃、胡麻等，他就是一个尽心尽力履行职责的人。

秦汉时代，匈奴首领冒顿单于的手伸得非常长，他的30万精锐骑兵在东边打败了东胡，北边征服了丁零，西边驱逐了大月氏。匈奴统治的地盘越来越大，东起朝鲜边界，横跨蒙古高原，与氐、羌相接，南边则延伸到河套以至今山西和陕西的北部，匈奴的气焰因此十分嚣张。尽管汉朝皇帝将公主嫁给匈奴单于，并馈赠匈奴厚礼、通关市，可还是不能避免匈奴铁骑的侵扰与践踏。

到了汉武帝时期，国力增强，汉朝决心改变这种被动局面。汉武帝听说，定居在西域的大月氏有报复匈奴的想法。根据这一线索，他想派人出使大月氏，采取联合大月氏夹攻匈奴的方法。于是，就有了张骞出使西域的故事。

张骞接受命令后，不顾艰难险阻毅然出行，他唯一的念头便是：不辱使命，完成出使西域的任务，彻底改变国家被匈奴欺压的现状，实现国家的安宁。建元二年，张骞率领一百多人出陇西向西域进发。

然而，他的行程并不顺利，他被匈奴骑兵俘获，拘留于匈奴10年，但他秉持汉节，后来总算逃脱，与堂邑氏胡奴甘父继续西行，至大宛，经康居抵达大月氏。但这个时候，大月氏已定居在妫水，又统领大夏，安居乐业，不愿东返故土，也无意报复匈奴。张骞在这里留居一年多，之后回国。在回国的途中，张骞再次被匈奴捕获，又被扣留了一年多。直到元朔三年，匈奴内乱，张骞乘机逃回汉朝。张骞出使西域，历经磨难，九死一生，被封为太中大夫。

元狩四年，张骞再度出使西域，终于取得了实质性进展。他这次的任务是招引乌孙，加强与西域各国的联系。张骞率将士300人，每人备马两匹，牛羊以万数，金币丝帛巨万，顺利出使西域，最终完成了任务。

张骞前后两次出使匈奴，费时十五六年，行程数万里，足迹远至今中亚地区。因张骞在西域享有很高的声望，后来汉朝所遣使者多打着张骞的旗号，以取信于诸国。

尽责方可成就大事。张骞两赴西域开辟“丝绸之路”，增进了民族间的团结和物质文化交流。他尽心尽力履行自己的职责，最终换来了民族的兴旺和中外文化的友好交流，以此名垂青史。

人在社会中生存，就必然要对自己、对家庭、对集体、对祖国履行应有的责任。这些责任，也是在自己所从事的领域中做出一番成就的前提条件。责任面前，只有勇于担当，才会有所收获，只有尽心完成，才能取得成功。

——《传习录》心学人生——

事实上，不管是学习还是工作，都需要我们全心全意、尽职尽责地做，才能取得成绩。尽职尽责地去做事，尽善尽美地去追求，才能够迅速培养出严谨的品格，收获超凡的智慧。

2. 求“是”不可走弯路

我们为人处世，不可毫无章法，要遵循一定的规律。所谓“求是”，就是追求真理，在这个过程中，我们要的不是迂回前进，而是少走弯路，从一开始就拥有正确的方向和信念，否则，我们下的功夫越深，用的时间和精力越多，反而离我们所追求的真理越远。

王阳明在《传习录》中写道：“人心是天渊。心之本体，无所不该，原是一个天。只为私欲障碍，则天之本体失了。心之理无穷尽，原是一个渊。只为私欲窒塞，则渊之本体失了。如今念念致良知，将此障碍窒塞一齐去尽，则本体已复，便是天渊了。”

每一个人，他的心既像无底的深渊，又像是广阔的天空，拥有无尽的智慧和自己独特的想法。只是，在充满诱惑的尘世，人们的智慧和潜能被形形色色的私欲所影响，不易显现出来。我们所追求的真理，隔着光怪陆离的世界，也很难达到。所以，求“是”一定要有坚定的意志，不为外物所扰，不走弯路。只要我们下功夫将心中的私心杂念都清除干净，那么原本的智慧和潜能就会恢复，我们所求的“是”也一定会达到。

王阳明就是一个对自己的追求有明晰的目标，并且认定方向后矢志不移，坚持到底的人。

明朝皇帝朱厚照是历史上有名的昏君，最终也死在了自己的昏庸上。一次出游返京的途中，他非得学习钓鱼，结果自己不小心，掉进水里淹死了。按理来说，昏庸的皇帝驾崩，新皇帝登基，朝中的正义之气逐渐回升，王阳明作为只身平息叛乱的大将，应该有好日子了。可是事情远没有那么简单，新帝下旨召见王阳明，却又在他行至中途时下旨命他不得进京。是的，朝廷中对王阳明的诬陷仍然没有结束，仍然有人重伤他，而他也成为这朝堂之上权力斗争的牺牲品。

王阳明 12 岁时就在“我的理想”的题目下写下了自己的理想：立志成为不朽的圣人，而不是一个拥有“超级身份”的肉身。他始终坚持自己的初衷，一心修道。“龙场悟道”之后，王阳明越发相信自己的本心，在他的眼中，所有的一切都是从本心发散出来的，也就是大家所说的正义。那些所谓的功绩、荣华富贵，他都不在乎，他只是按照自己的本心在做自己应该做的事，这使他的心在诽谤面前始终都是光明的。

王阳明上书请求回家，历经五年才终得允许。就在那年的十二月，他父亲过生日的时候，朝廷圣旨下来，说他平定叛乱有功，被封为新建伯。王阳明心里明白，这并不意味着别人对他的诬陷结束了，这不过是朝廷迫于压力做出的决定。朝廷对他平定叛乱的态度，根本就没有转变，正义没有得到伸张。他的学生替他打抱不平，王阳明却不辩解、不争吵。天下的公道本就在天下，王阳明认为只要相信自己的本心，只要做得对就可以了，根本没有辩解的必要，他对所有流言蜚语以及诬陷都不予理睬，一心将自己沉浸在讲学之中，享受着思想自由带来的快乐。

从1521年开始，他在学堂讲自己的良知学说。用他自己的话说，他心中拥有定盘针，这定盘针能够真切地为大家指导方向，只要按照这定盘针的方向做事，就不会迷失，而这定盘针就是本心，就是良知。求“是”之路，就应该以这定盘针为引导，不走弯路。

王阳明坚持自己的追求，不在没有意义的事情上耗费精力。在求“是”的过程中，他始终保持着自己的初心，最终取得了不菲的成就，成为宋明理学的代表人物。在继承和研究陆九渊哲学思想的基础上，王阳明开创了自己的思想学派，其学说和思想在明朝中叶之后影响深远，远播海外。

——《传习录》心学人生——

我们在社会上生活，绝对不可以凭借一腔热血“任性而为”，而是要遵循一定的章法做事。“求是”就是追求真理，在这个过程中，我们讲求以最少的时间和精力去取得自己想要的效果，这就需要我们从一开始就拥有正确的方向和信念，少走弯路，否则的话，我们用的时间和精力越多，离我们所追求的真理就越远。

3. 事上磨也要用功

学生问：“静时亦觉意思好，才遇事便不同，如何？”

先生曰：“是徒知养静，而不用克己工夫也。如此临事便要倾倒。人须在事上磨，方立得住，方能‘静亦定，动亦定’。”

《传习录》中的这段对话引起很多人的共鸣。静坐时看似情绪稳定，而一遇到事，却感到心神大乱，无法自制。王阳明指出这样的原因在于未能做到“克己”，同时也指出了解决的办法，那就是“须在事上磨”。只有多做事，多历练，有意识地对自己进行磨炼，在不断经历中吸取经验教训，从而遇事时情绪能保持稳定，做到“静亦定，动亦定”，方能成事。

事上“磨”，讲的是通过经历各种事情来磨炼自己，使自己的心性和意志力得到锻炼和增强。说通俗一些，就是通过量的积累来达到质的飞跃。但是，“事上磨”也是要下一番功夫的，单单靠重复做事不一定能达到自己想要的效果。重复一万次挥拍动作，不见得就是羽毛球大师，因为没有实践，没有思考，没有领悟，一万次挥拍的动作，也只能是挥拍而已。

人生在世，每个人都有自己恐惧的东西，正如王阳明所说，那些恐惧就像是乌云遮住了太阳。想要太阳重现光芒，就必须消除乌云。如何消除乌云？王阳明的知行合一为我们的人生修行提供了一大法宝。

王阳明教给我们一个克服恐惧的方法，那就是去实践，并在实践的过程中下功夫。如果你对社交恐惧，那就去社交；如果你对一件事可能失败恐惧，那就去做这件事；如果你恐惧某个人，那就去找这个人，跟他面对面，直面他，也直面自己的内心。这就是实践出真知。

有些人行事，“重剑无锋，大巧不工”，原因就在于他们自身深厚的底蕴。他们在生活中经历的多，看到的多，学的多，懂的多，这里有“事上磨”的功劳，但更多的是在经历事情的时候，他们都进行了深入的思考，注意总结，看到了事件背后所隐藏的规律。

好比读书，同是读《红楼梦》，有的人看到了宝黛深情，为他们的爱情扼腕叹息，并对封建礼教进行猛烈的抨击；有人看到了为人处世的智慧，深入思考，融会贯通，为自己的人生之路增添亮色；有人看到了历史发展的规律和轨迹，透过一个大观园，听到了封建制度的丧钟，审时度势，推敲自己所处时代的脉搏。自然，也会有人只是看到一个故事，只是在看热闹，最多就是看到动情之处悲痛、欢喜、忧愁，看完后，双手将书一合，再无其他。这样的人看书，即使看一百部，也不会有多少收获，因为他只是在看，没有下功夫去研究，去品读“看”背后的意义。

我们在事情上磨炼自己，也是这个道理。仅仅靠自己经历事情，事后不去体悟和思考，不去下功夫也是不行的。

——《传习录》心学人生——

“人须事上磨”，我们要在经历中丰富自己，获得成长，让自己的心性和意志力得到锻炼和增强。更重要的是，“事上磨”也要下一番功夫，仅靠在事情上的重复，是不能达到自己想要的效果的。

4. 小心做的都是无用功

人生如果没有正确的方向，走得再远，也只是南辕北辙。在生活中，不管做什么事，都要坚持实事求是的原则，否则，很有可能会做无用功，费了力气却没有效果，更有甚者，会造成与预期相悖的效果。

人在受挫时，与其抱怨，不如好好检讨自己是否在做无用功。老子的《道德经》里有这样一句话：“前识者，道之华，而愚之始。”这句话最通俗的一种解释就是：“一位有识之士自认为聪明能干，其实他所掌握的只是浮华的外表，而这也是他最愚昧的表现。”“前识者”们通常喜欢将时间与精力花费在一些可以炫耀但无实际意义的事上，这就是无用功。尽管自己觉得所做的事会让自己很有面子，或者有所收获，但是并不能满足自己最根本的需要，或者说目前的工作和自己的根本目的并不相符。

王阳明任职期满后回京复命，生活好不容易归于平静。没想到刚消停两天，“前七子”又搞什么古文运动，王阳明被生拉硬拽地参与其中。“前七子”指的是李梦阳、何景明、徐祯卿、边贡、康海、王九思和王廷相，他们在明朝文坛中占有一席之地。以李梦阳、何景明为代表，“前七子”鄙视西汉以后的所有散文及中唐以后的所有诗歌。强调文章学习秦汉，古诗推崇汉魏，近体宗法盛唐，提倡一种文学的复古精神。

王阳明混迹于“前七子”之中，身子却越发羸弱，一方面是因为受不了酒肉蚕食，另一方面是因为他更加勤于研习了。当初看朱熹的《四书集注》是为了应付考试，现在不同了。他的人生已过半，少年时期做圣贤的想法已变成了行动，他开始脚踏实地，经过格竹、两次落第、同高手切磋，他的思想在慢慢发生变化。从立志做圣贤开始，经过多年的历练，他心里的疑问越发清晰。他需要用更多的知识来验证自己的想法，为此王阳明夜以继日地读书。

知子莫若父，王阳明的父亲王华很担心王阳明的身体。这一天，王阳明正在读书，王华走到王阳明的房间，打断了他。可能人就是这样吧，一直生活在矛盾里。孩子淘气时，希望他能好好学习；忽然孩子用心读书了，又害怕他把自己累坏了。作为一个爱孩子的父亲，王华的愿望是朴素的，既然王阳明已经考中进士，仕途无量，那么就没必要再去研究四书五经了。王阳明见到父亲便放下书本，恭敬地说：“父亲，您教训得是。天不早了，我送您回屋歇息。”

王阳明厌烦了应酬，可碍于友人之间的情分，他也不好推托。但是，他意识到自己在做无用功，应酬与自己的研究毫无关系，白白浪费了很多时间。

终于有一天，王阳明受够了酒肉应酬，受够了那个文学社团，感叹道：“我焉能以有限生命浪费在那些无用之虚文上！”时间不等人，弹指一挥天过午，不能再这样下去了，于是他不再出席那些与修道无关的活动，安心悟道，最终他获得了成功。

孙中山先生曾说：“天下大势，浩浩汤汤，顺之者昌，逆之者亡。”人唯能拥有前瞻性，才能在社会的潮流中立足而不被时代所淘汰。对自己所做的事情，一定要清楚是不是符合自己的需要，如果不符合的话，一定要及时改正，小心做了无用功。

人生在世必然会面临取舍的问题，当你所做的事出现问题时，心中难免会犹豫。此时可以通过他人来客观地审视自己，因为自己的眼睛可以看到万物，却不能看到自己，所谓“当局者迷，旁观者清”就是如此。

只有谨慎地对待自己的问题，审视自己下的功夫是否值得，才能规避风险，少做无用功。

——《传习录》心学人生——

不做无用功并具有前瞻性地去选择自己的事业，是在社会中立足的前提条件，而自己的实干心态和愿意听取他人建议则是事业顺利的基本保障。在生活中，不做无用功，是聪明人遵守的不二法则。因为无用功既费时费力，又对自己的发展毫无助益，千万不要陷入这样的陷阱。

5. 成败之别在功夫

每天清晨打开手机，满屏都是各种各样的新鲜消息。每天都会有人成功，同样的，也会有人面临失败。这样的消息我们屡见不鲜，除了将其作为茶余饭后的谈资以外，我们所要做的就是借“他山之石可以攻玉”，以别人的经验，来窥得成功的秘密。你会发现，很多时候，成败取决于做事之人所下的功夫。这个功夫在深、在精、在多，把功夫做够了、做对了、做好了，成功自然水到渠成。

王阳明对弟子们阐述了“立志”与“持志”之道后，大家突然清静了许多，也不大提问了，就连以前问得最勤的徐爱、陆澄等，也很少再提问题，这让王阳明觉得很奇怪。通过询问陆澄，他知道了缘由，原来大家都在实践王阳明讲的“修身贵在立志，重在专一”。王阳明顿时觉得哭笑不得，叮嘱道：“明天你们到这儿来一趟吧！”

第二天中午，弟子们齐聚鸿胪寺。王阳明神色肃穆，对他们说：“我看大家最近都很少提问，听说是在修身立志。事实上，大家都以为知道怎样做学问，并认为只要按照自己知道的去实践就行了，却不知道私欲每天都在不知不觉地滋生，就像地上的灰尘，一天不扫，便又有一层。如果能笃定切实地下功夫，便能够悟到‘道’无穷无尽的境界，越往深处探究，越会感到‘道’是如此博大精深，而一定要使此心达到清明澄澈、没有丝毫不透彻的境界方才罢休。”

这时，一位门人问道：“先生，您平时给我们讲《大学》时，经常强调‘知至然后可以言诚意’。但是我们目前对于天地自然的规律还没有认识，心中的私欲也还在，如何能有诚意去下克己功夫？”这个看似刁钻却又合情理的问题，让在场的学生忍俊不禁，王阳明听后也跟着笑起来。他看了看那位提问的门人，很是赞赏这种治学精神，能提出别人没想到的问题。

王阳明清清嗓子说道：“这是因为，诚意既是心之本体的表现，同时也是一种境界和功夫。一个人如果能踏踏实实地用功，慢慢锻炼自己专一不二的诚意，此心越来越纯净莹澈，则对于天地自然规律的精微之处，就能一天天地感应、认识。对于心中那些细微的不良习气，也能一天天地认识到，然后把它去除。这个做功夫的过程，就如常人走路一般，走一段才能认得一段，走到岔路口时，有疑问不能决断就要问路，问清楚了再走，如此方能到达想要去的地方。而现在的人们，对已经了解的心性修养之道，不肯下功夫去存养，对已知的私心杂念不肯去除掉，却只担心自己不能达到认识天地之道的最高境界，只是在那里闲谈，又有什么用呢？不如先把功夫下到家，把那些私欲铲除，再担心不能达到认识的顶点。”

王阳明这番话，振聋发聩，犹如一记当头棒喝，把大家从迷茫中敲醒，说到了大家的心坎里。大家敛首深思，为自己的浅薄无知而感到惭愧。

王阳明在这里指出，想要做到“克己”，领悟心学的奥义，不能只是嘴里说说，耳朵听听而已，无论是天理还是人欲，其精妙之处，必须时时刻刻去省察、克治，方能有所发现。这个过程就是在做功夫，功夫做到位了，认识自然就跟着上去了，只想着靠自己知道的口头理论获得成功，是不可能的。

成功不是靠嘴说的，即使是那些靠嘴皮子吃饭的人，在说之前也是要认真思考自己要说些什么，怎么说让大家愿意接受，要说的话怎样才能达到效果，这思考的过程就是在下功夫。只有多用功，并用对方向和方法，才能走向通往成功的大门。不然的话，就算你知道再多的道理，明白再多的规律，功夫不够，照样会出局。

——《传习录》心学人生——

修身养性和做其他任何事一样，必须把功夫下在事物发展的每一刻。对于做事来说，你不需要知道它所有的道理之后才去做，重要的是要先行动起来，从已知的地方做起，从细节做起，逐渐去完善、掌握它。

6. 不困惑，明镜心做正确事

做事时，首先应该明白自己的目的是什么，为什么要做。如果这件事是自己应该且必须做的，就把全部的注意力和精力集中到这件事上，全力以赴地去做。

做事情的过程，既是不断向目标前进的过程，也是提升自己心境的良机。拥有一个确定的目标，做事的时候可以不困惑，心如明镜地去做正确的事情，把握正确的方向，走正确的道路。

在做事的过程中，如果发现自己一不小心跑神了，心不在焉地胡思乱想时，就要马上提醒自己把心思集中到当前做的事情上；如果发现自己不愿深思熟虑，只想蛮干，就要暂时停下来，做几次深呼吸，放松一下身心，给心灵一个休息的空隙，保持心灵的宁静，通透地看待问题。将当前所生发的正确的念头与所做的事情结合起来，认真地研究和参悟，让心态逐渐接近正确。不断努力，不断精进，在这个过程中，新的能力和智慧即可源源不断地产生出来。

王阳明曾说："我们修身治学，乃至做任何事，如果也能这样，不因困难而畏惧，不因挫折而气馁，持之以恒地朝一个方向努力，那么，即使再困难的事，也有可能做成。"

陆澄在鸿胪寺暂居，在王阳明的指导下，很多问题逐渐理解了。在和王阳明朝夕相处的时间里，他发现王阳明那超然于物外的心态，幽深难测，无论是讲学，还是处理日常事务，都能驾轻就熟，应变自如。陆澄很想知道这种能力是怎样形成的，便向他请教："先生，圣人不管做什么事，均可应变无穷，难道也是预先研究、策划过的吗？"

听到陆澄如此问，王阳明便明白了他心中所想，慢慢说道："圣人也是人，如何能研究得那么多？只是圣人的心如同明镜，明明朗朗，就能随着自己的感应，而灵活自如地应对事物，什么东西来到面前，都如实地映照出来。没有已过去的事物尚停留在心中、还没到来的事物预先存储在心中的情况。后世人认为，圣人就应该无所不知，把什么都研究透了，这种观点与圣人之学是大相径庭的。如周公制作礼乐以教化天下，这是圣人都能做的，为什么之前的尧、舜没有做而等待周公来做呢？孔子增删六经以教育万世，也是圣人所能做的，又为什么周公不做，而等孔子来做呢？我们修身做学问，就要抓住根本，只怕心体这个镜子不明，而不怕事物来了不能照。至于研究、探讨事物的变化，也是用心体的虚灵作为镜子去照当时的事，但是学者必须先有个使镜子明亮的功夫。为学之人，只怕此心不能明白通达，而不担心不能穷尽事物的变化。"

王阳明认为心即是理，心即是天，心是大自然的规律，起着主宰、统领人的作用。对于个人来说，身体的一切运行变化，都要受到"心"的控制，也就是说，"心"所产生的意识和思维具有主观能动性，能够影响和调控思想、言行的运行轨迹。心如明镜，思维清晰，做事便事半功倍，也不易走偏，进而做错事。

意识对人体有着强大的作用，这个作用有正向和负向之分。一个人在平常的学习和生活中，他的思维方式是积极的还是消极的，都受到意识影响。但是由于人性的种种弱点，意识大多数时候产生的是负面作用力。

要扭转这种局面，在修身时就要主动对意识进行调控，做出取舍，对那些好的、有益于身心喜悦、安宁的想法和行为，要马上在心里给予肯定，不断将其放大，产生有益的正作用力，激发心性中的本能智慧。对于一切可能带来负能量的思想言行，则要及时觉察，果断地说“不”。只有这样，才能逐渐调整身心的结构，趋向最佳的功能状态，不断激发正能量，扫除蒙蔽心灵的灰尘，使“心”恢复明明朗朗的本来面目。

——《传习录》心学人生——

我们在生活中做任何事，都要保持内心的明朗，不为外物左右，不因为外界的影响而做出错误的决定，产生困惑和疑虑。心如明镜，才能在纷杂的事物中找到自己真正需要的东西，做出正确的选择和决定。

7. 主次分清事易成

万事总有轻重缓急，在追求自己目标的过程中，总会遇到主次、先后的问题。在生活中，很多人干事情不分轻重缓急，这是不对的。在生活中，我们一定要有“势利眼”的态度，重要的事情先做，次要的事情后做。这样有“眼力见”的方式，能大大提高办事效率，拥有这种“眼力见”的人，在工作和生活中才能获得更好的发展。

但是，在人生的道路上，我们总会碰到各种各样的诱惑，使我们有限的精力白白浪费在那些无关紧要的事上。如果分不清事情的主次，往往会虚度光阴，最后一事无成，为自己的人生留下遗憾。

王阳明的一生是主次分明的一生，郭沫若先生曾评价他说："他的一生是自强不息的奋斗主义的体现，他是伟大的精神生活者，他是儒家精神的复活者。"他一生中起起伏伏，落第、被贬、流放、病痛……这些都不足以影响他对成圣成贤的追求。科举、为官、挂帅都不是他所追求的，所以不管是好是坏，都不能让他改变初衷。成为圣贤，从始至终都是他人生最主要的追求，这样的专注，使得他最终在哲学界取得了傲人的成就。

夏雪是一家公司行政部的职员，负责公司员工宿舍的维护、办公用品的采购、出差人员的飞机票预订等工作。

她自认为工作敬业，每天早晨到了办公室，她都先把办公室打扫干净，浇花；然后，她会一趟趟往物业跑，为的是能在第一时间取回公司的信件……尽管如此，很多同事仍然对她非常不满，说她工作效率低，甚至有人当面指责她上班就是为了"混日子"，夏雪觉得委屈极了。

一段时间之后，部门经理找到她生气地说："你怎么回事啊？工作干得一塌糊涂。这几个月的飞机票费用比以前多了很多，可公司员工的出差次数并没有增加，你的前任负责这项工作时，每个月的飞机票费用总额只是你的70%，到底怎么回事？"

夏雪自己也说不出原因，部门经理立刻打电话向长期合作的订票处询问，对方告知他："你们以前负责订票的员工订票时间早，飞机票折扣较高，而现在你们负责订票的员工一般提前两三天订，有时甚至是白天订晚上的飞机票，折扣就非常低，或者就没有折扣……"

部门经理听了非常恼火，冲着夏雪大声说："你以后能不能讲究点工作的方式方法？工作要分轻重缓急，不能'一刀切'。你现在的工作方式，不仅不能帮助公司解决问题，不能让公司节约开支，反而会增加公司的开支，你再这样下去，以后还怎么交给你工作？"

在职场中，很多人干工作不分轻重缓急，所有要办的事情都"同等对待"，这是极其错误的。事情一定要有区分，重要的事情先做，次要的事情后做。

分不清事情的主次危害极大，根据一项调查结果显示，高达72%的老人后悔年轻时努力不够，以致事业无成。为什么会有这么多人后悔年轻时努力不够？其中一个很重要的原因，就是他们年轻的时候不知道自己真正想要的是什么，自己应当成为什么样的人，自己又应该做什么。在这样的情况下，面对外界的诱惑时，他们只能一味地妥协，沉迷于其中，结果就迷失了方向，最终落了个“少壮不努力，老大徒伤悲”的结局。

所以，我们要想使自己将来不后悔，就必须现在就选择好自己的路。静下心来，弄清楚自己真正想要什么，人生的价值在哪里，有重点地去做事情，只有这样，才知道人生的路要如何走。

——《传习录》心学人生——

我们只有分清主次，认识到自己内心真正的需求，才不会因种种诱惑迷失方向。当朋友招呼我们去聚会的时候，我们能够断然拒绝，全神贯注于未完成的工作；当我们想看的电影的时候，我们能够拒绝诱惑，把心思放在手中的方案上；当有异性对你流露出暧昧之意的时候，我们能够为家人坚守住安全的底线……分清主次，才能在面对抉择的时候毫不犹豫。

8. 不为利扰，不为事悲

我们生活的这个世界，色彩缤纷，有亮色，也有暗色，有形形色色的诱惑，也有催人泪下的悲剧。我们在这个世界上，若想不被外界事物所扰，就要有所坚守，不为利扰，不为事悲。

有人说诱惑是一把无形的利剑，可以把你割得伤痕累累；有人说诱惑是沙漠中虚无缥缈的海市蜃楼，能让你停下前往绿洲的坚定步伐。在追求目标的过程中，如果你没有毅力，如果你动了贪念，如果你没有信心，那么你所有的努力都将前功尽弃。所以，抵制诱惑是迈向成功的关键。

可在现实生活中，面对金钱、权力、地位的诱惑，很多人都没能抵制住它们的诱惑。一些官员贪赃受贿，目无王法，置国家与人民的利益于不顾，眼里只有自己的利益，最终受到了应有的惩罚。这血的教训无时无刻不在警告我们，要有一颗拒绝诱惑的心，即使你离成功只有一步之遥，只要你没能抵制住诱惑，那也会前功尽弃。我们要做到不被名利诱惑，不让自己后悔。

同样，如果我们是通过正常的手段获得的利益，也不要沾沾自喜，过分骄傲。如果一位官员任职期间，为百姓做了好事，做了实事，受到了百姓的爱戴和拥护，这只能说明你尽到了自己的职责，你所做的是自己应该做的，并没有什么值得夸耀的；再比如一个科研人员，研究出了新的产品，得了奖金，得了荣誉，就能喜不自胜了吗？显然不行。很多科研成果来源于偶然，一次成功并不代表以后也会成功，再者，再高的荣誉也只能成为历史，我们要做的是去攀登更高的高峰，而不是因为眼前的欣喜而止步不前。

王阳明在很小的时候就树立了做圣人的志向，他勤于自省，时时发现本心，很早就开始培养自己的高尚品德。即使是被贬贵州的时候，他也没有放弃自己，因为他想做圣人，所以才有了后来著名的“龙场悟道”。他平定“宁王之乱”，功劳却被皇帝抢了去，他没有怨天尤人，因为他想做圣人，圣人怎么会计较这些世俗的名与利？他没有因为自己的功劳而觉得自己伟大，也不会因为自己的功劳被别人抢了而觉得伤悲，所以他才能在错综复杂的大明王朝里，安全地渡过一个又一个难关，完成心学的研究，最终成为世人公认的儒学大师。

王阳明在晚年的时候，被朝廷派往两广地区，在那里，他患上了严重的肺病，于是上疏请求卸职。没想到，王阳明在回家的路途中就病逝了。临终之际，他的弟子问他还有什么心愿，王阳明说："此心光明，亦复何言！"王阳明的一生，充满了艰难困苦，然而在临终之际，他并没有后悔的事。几十年如一日地做事，该做的都做了，还有什么值得后悔的呢？即使自己即将离开人世，也没有什么值得悲伤的。

无论多大的成就，都会成为历史；无论多大的挫折，也只能是谈资。我们的生活需要向前看，过分地为利而喜，为事而伤，都不是明智的做法。

法国的启蒙思想家、哲学家、教育家、文学家卢梭曾说："我在学校里接受过良好的教育，我在校园里受益良多，但最令我受益匪浅的学校却叫作'逆境'。"从中可以看出，卢梭是一个懂得感谢挫折的人。面对折磨自己的事，他不是抱怨、憎恶，甚至逃避，而是从中吸取经验教训，充满感激。人生之中，无论是顺境还是逆境，都是暂时的处境罢了。一种处境是不可能长久持续不变的。不管目前的状况是好还是坏，未来都充满了变数。

不为利扰，不为事悲。在面对人生变化时，保持一种淡然的态度，坦然面对自己遇到的一切，积极为自己创造改变的条件，才能使变化更趋向于自己内心的期望。

——《传习录》心学人生——

学会让自己安静下来，人生就好比是一场长跑，前面跑得太快了，容易后劲不足；跑得太慢了，就会落后；中途退出了，就会断送掉以前的努力；不参加了，就没有赢得比赛的机会。万物盛有时，衰也有时。从哪里来，要到哪里去，自然会有一个注定的结果。尽自己的努力能留下的，欣喜着去接纳，尽力了而不能留下的，安好着去目送。生命是一个容器，它实在无法承受太多悲喜。时刻记得，不以物喜，不以己悲，淡然即好。

第十二章

善心

至善而心止，大智大诚做人中龙凤

修心并非没有止境，做到了至善，我们就是大诚大智之人。心至善，则没有任何执念，也就会放下私心，学会利人。人在俗世，这是不可改变的，但我们却可以用一颗出世之心来做入世之事。

1. 无执念即是大智

俗世之中，诱惑颇多，总有一些东西是我们迫切想要得到的，但人生“不如意事十之八九”，如果我们对万事都怀有执念，必然在生活的道路上背负太多东西。执念越强得失心越重，这不但会使我们处处受制，而且还会让我们徒增焦虑和不安。放弃执念才能一身轻松，但这种大智慧要想获得并不容易。

在《传习录》中，王阳明的弟子陆澄问道：“孔门言志，由、求任政事，公西赤任礼乐，多少实用。记曾皙说来，却似耍的事圣人却许他，是意何如？”陆澄的困惑在于，他发现了曾皙志向的“无用性”，在春天呼朋唤友踏青游玩，怎么就比从政从乐的人更受孔子的称赞呢？王阳明的回答说明了有执念和无执念的区别，他说：“这是因为子路、冉求、公西赤他们三个人都有一定要做的事情，而有了这种一定要做成的执念，就会执着，能做这样的事情未必能做其他事情。但是曾皙的志向中就没有这种执念。”因而曾皙不会受“必须要如此”念头的约束，反而能成为健全的、更有智慧的人。

王阳明心学的出众之处，就在于他善于发现不合常理事件背后的合理之处，他推崇“狂而不狷”的修身养性之道。狂狷之人多半不在意所谓正统的东西，曾皙没有“必须要”的东西，因而也就没有为得到这种东西而付出代价的风险，他不必劳心劳力疲于谋划，反而可以拥有独立的人格和恬然自若的心绪，这是孔子的其他弟子所比不了的，因此曾皙更受孔子的称赞。

从王阳明与弟子的一问一答中，可以发现他主张顺其自然、不卑不亢的生活态度，这是人在生活中最自然、最舒服的状态。反观现在的社会环境，有多少人受制于执念：有的人执念于名与利、有的人执念于物质与金钱、有的人执念于不可得的感情和人事，这些人就像被捆绑着的木偶，双眼瞪着所谓的目标和前方，在激烈竞争和对结果的不确定中，惶惶不可终日。

王阳明心学告诉我们放下执念收获大智慧的重要性，但这种能力想在现代社会要运用好却不是一件容易的事情。这是一个充斥着多元价值观的世界，有人叫嚣着庄周之道，也有人鼓励着入世之法，执念因此也成了一个含有双重含义的词汇，它既是一种通向特定目标的动力，又是一块影响生活质量的重石，如何正确识别执念与信念，成了现代人新的困惑。放下执念不是要大家放弃追求，碌碌无为等待大限到来，而是说要顺其自然，也就是我们常说的尽人事、听天命。

王阳明就是一个没有执念的人，在《传习录》中有这样一句话："世以不得第为耻，吾以不得第动心为耻。"说的就是王阳明多次参加会试都没有成功，所有人都觉得这对于王家来说是一件不光彩的事情，但王阳明却毫不在意，他并没有执着在是否上榜这件事上，而是说"不得第动心"是一件可耻的事情，他睿智地发现了只要不执着结果，就可以安然不受其所累，因此并没有放弃努力和做学问。这对于我们来说也是一种启发，执念是影响我们生活与工作的念头，而那些可以激励我们更好地生活的想法不但不是执念，还是好的人生营养。人生不是一帆风顺的，总要遇到一些挫折和失败，我们不能过于执着结果和不可得的目标，必须在这个过程中保持平常心，方得始终。

要成为一个拥有大智慧，而不是在小事上执念太重不可自拔的人，必须明白两点。第一，要知晓执念会严重地影响生活质量，也会严重妨碍我们成为健全的人；第二，要准确判断我们的哪些想法是执念，并在发现自己陷入执念的时候，及早认识到并努力挣脱执念的束缚。大智之人游刃于世间，不受私情所累，因为心中没有执念，因而可以更好地感受这个世界，收获更多与生命本身相关的美好。

——《传习录》心学人生——

执念多为不可得，越多执念，人就会越固执，当一个人变得固执时，对人对事的态度就会变得更强硬，这对人生有弊无利，因此放下执念，做一个柔和的人就显得很重要，毕竟人生需要的是坚忍而不是强硬。

2. 利人方能度己心

利人是一种以退为进的态度和策略，它可以让别人与自己的关系更融洽，同时，利人也是在复杂的社会关系中保持内心纯洁的智慧，它可以让我们变得更为开阔和美好。在人际交往中，我们难免会遇到不顺心的事、不太好相处的人，即便是关系很好的朋友与同事之间，也会存在一定的利益和情感纠纷。在遭遇这些事的时候，如果我们斤斤计较其中的得失，必然会有损双方感情，如果你站在对方的立场上替他人着想，那么不但能出其不意地解决问题，而且自己的内心也能得到最大程度的平静。

王阳明不仅是思想家和哲学家，他的心学中也包含着人际交往的智慧，即“与人方便自己方便”。在《传习录》中，有这样一段话：“不管人非笑，不管人毁谤，不管人荣辱，任他功夫有进有退，我只是这致良知的主宰不息，久久自然有得力处。”这段话看起来是与人无争的圆融之术，但细细品读就会发现最终的指向都是试图使自己更为心安，所以从本质上来说，都是“利己”的。但问题的关键在于，如何“利己”，“利己”绝不是大众所理解的占小便宜，而是在你来我往中获取最大利益，同时在对待对方的过程中，又不失风度和礼节，既达到了自己的目的，使对方心悦诚服，又不做任何于人于己有愧的事情，如此才能“利他度己心”。

《传习录》中记载了一段王阳明对尧舜故事的评论，生动地说明了利他的重要性，舜和象是同父异母的兄弟，但象却险些把自己的哥哥活埋在枯井里，并试图把舜的所有东西据为己有，当他见到没有死掉的舜端坐在床上抚琴的时候，很是尴尬，并撒谎说自己来这里，只是想看下哥哥。死里脱险的舜并没有因为弟弟的不义之举就对他加以指责和惩罚，也没有因此憎恨他，反而反思自己的错误，站在象的立场上考虑象的实际地位和处境，得出是自己导致了两兄弟的不和，并全力维护象的形象和尊严，从而得以化解仇恨。象感受到了哥哥的诚意，选择了承认错误，舜也因此得到了内心的宁静和喜悦，双方都得到了解脱。

在王阳明看来，象一直想谋杀舜的行为跟舜自我克制、用善意感化象的行为相比，更显示出舜的伟大和过人之处。这种利他行为，会产生一种对自己有利的结果，那就是王阳明所说的“乃知功夫只在自己，不去责人，所以致得‘克谐’”。通过利他的行为，我们会发现自身的不足和缺陷，会不断地纠正自己，也会学会更好地为他人着想，心胸会变得越来越宽广。

因此，我们在与他人交往的过程中，应该明白，凡事不是在当下取得胜利就是最终的结果，当我们遇到一些问题时，如果和对方硬碰硬也许会不欢而散，可如果我们站在对方的立场上为他们多想一想，为他们牺牲一些个人利益，就能皆大欢喜，而在这个过程中我们也才能让自己的内心保持丰盛与平和。与人方便自己方便，多让别人从自己这里获得一些利益，不但能免去彼此之间的猜忌和不快，也能为自己攒下人品，俗话说“面子留三分，日后好相见”就是这个道理。不但如此，一旦我们学会了以己度人，就会有更加和谐的人际关系，在现代社会中这一点也是非常重要的。除此之外，以己度人也会让我们收获更好的自己，帮助别人是让自己有成就感的最佳途径，这种心灵的成长和安宁更为难得。

——《传习录》心学人生——

“利人”是一种“双赢”的人生态度，让他人获利，让自己获益。这是朋友、同事、亲人等关系中非常需要的行为，这种行为可以消除彼此之间的隔阂，让彼此从中获取自己需要的东西，自身也会成为心胸开阔的不拘小节的人，人生大智慧即在此。当利人成为双方共识后，双方关系将更为和谐，这是利人的最大功效。

3. 善，众人如水归之

善恶本是一念之间的事，可结果却大不相同，大多数时候，善并不容易，但冤冤相报何时了，法律的出现就是为了不让社会出现以恶制恶的私下报复行为，因此善的重要性不言而喻，如同法律一样对社会有着基础且关键的约束作用。

王阳明心学中关于善的说法是“无善无恶心之体，有善有恶意之动，知善知恶是良知，为善去恶”。这里的善恶观念与“人之初，性本善”相类似。在王阳明这里，人并非天生就有善恶之分，但却拥有区别善恶的能力和本性，这就是所谓“良知”，关键时刻选择以德报怨还是以暴制暴，是极为重要的。活在社会网络中的人，难免会受到利益冲突带来的麻烦，也难免与他人的看法产生分歧，对于处在领导和管理岗位的人来说，这个问题更加棘手。有善，才会得到尊重，这比暴力和威胁要强百倍，也唯有如此，才能得到众人的心。

王阳明的学生和下属曾因冀元亨入狱一事受到牵连，当时他虽然是江西巡抚，但对于如此巨大的政局动荡也是束手无策、无可奈何，不但救不了学生和下属，自己也因此面临着一场人生危机。那时候，张忠和许泰的兵马入驻南昌，欲找王阳明的麻烦。每天都有一群士兵侮辱谩骂王阳明，说他勾结宁王，意图不轨。不仅如此，这些士兵还故意找茬，想要激怒王阳明，挑起冲突，但这些士兵并不懂得自己究竟在干什么，他们只是奉命行事，充当着将领高官之间互相斗争的武器和工具。出乎所有人意料的是，面对这样的境遇，王阳明竟然没有生气也没有反击，也没有用手里的权力和兵力镇压这些人，相反，王阳明对这些心怀恶意的士兵嘘寒问暖，特别关心。

当时是冬天，王阳明担心这些士兵到南昌后御寒衣物不够，住宿条件也过于简陋，不但自己帮助他们，还动员城里的百姓一起腾挪房屋给他们住。看到因病因故死亡的士兵，王阳明会安排人手给这些不幸去世的士兵料理后事。面对普通士兵的生死，王阳明表现出极大的悲悯情怀，他懂这些下层士兵的难处，经常站在他们的立场上想问题，也因此不曾在官员斗争中迁怒他们。

在王阳明的感召下，这些士兵发现自己对王阳明的蓄意辱骂，却换来了对方的以德报怨，再加上他们本身与王阳明也没有什么私仇，久而久之，就都被感动了。于是他们不再听从张忠和许泰的命令，不再去故意挑衅，张忠和许泰虽然懊恼，但也无可奈何，南昌也因此得以维持安宁。王阳明的善意和善举，缓和了一场剑拔弩张的政治斗争，以四两拨千斤的能力让众人信服，他自身的威严也树立了起来。

在现代社会，人与人之间的关系不再像王阳明和张忠、许泰那样泾渭分明，而是变得更加复杂和微妙，但处理这些关系的道理却和当初是一样的。如果当时王阳明采取的是以暴制暴的方法，愤而发起抵抗，按照双方的兵力，谁赢谁输确实不一定。但王阳明的聪明之处就在于他采取了善的方式，对士兵心无芥蒂并且多加关怀，结果反而是“不战而屈人之兵”。这种以德报怨的宽容心态，让王阳明不但维护了南昌城的秩序，而且收服了人心，得到了好口碑。对于处在领导和管理地位的人来说，在利益和关系越来越多元化的今天，如何凝聚一个团队至关重要。

而在所有管理技巧中，“善”似乎是无足轻重的，但在实际行为中，“善”却是凝聚人心的重要因素。只有善的领导者，才能带出一支纯粹有力的队伍。

——《传习录》心学人生——

为善不易，但人贵在“良知”，善恶都是心中意念，心动则念生，念生需谨慎，善可归心，恶却伤人。在大多数情况下，事情都没有发展到无法解决的地步，在可行的空间内，保持善意，对于我们每个人尤其是领导和管理者来说，既是一场修行，也是一种收获。

4. 出世心做入世事

一个人做事的方法有很多种，相应的结果也有很多种，有的人因为太在乎结果也太担心得失，做事时心情极为复杂。但大多数时候，事情的结果并不会按照我们的设想发展，因此，如果不能抱着一颗洒脱、随性的出世心去做这些事的话，不但没有办法做好事，也没有办法享受做事的过程。

王阳明的仕途充满了戏剧性。公元 1490 年，王阳明的父亲请先生给王阳明讲课，以帮助他参加科举考试，但王阳明白天上课，夜里却学习着先辈们的学说，他并不十分关注科举考试，反而是以平常心待之。在王阳明 21 岁的时候，他在浙江参加了考试，并且中了举人，回到京城准备继续考试时，他专注于读朱熹的书，但有一次，他在竹子面前思考，一思考就用了七天七夜，这就是著名的“阳明格竹”。

在这个事情之后，他似乎明白了很多的道理，不再执着于功名，之后王阳明又参加了几次考试，但都没有考中。在世人眼中，这是一件很重大的事件，他们认为王阳明可能从此要告别仕途这条路了。但没想到王阳明却并没有灰心，也没有丧志，而是告诫自己，并不以没有考中为耻，真正的耻辱是没有考中却心心念念，在这样的淡然心态中，王阳明最终考取了功名。

然而，考取功名之后的道路也不是一帆风顺的，他经历了贬谪龙场的严酷考验。当时王阳明担任兵部主事，因为上书言事得罪了手握实权的刘瑾，被抓进了监狱。在黑暗的牢狱中，他不但没有懊恼，反而静下心来忘我地研究学问，出狱之后就被贬到了贵州龙场。那里环境恶劣，条件艰苦，连个可以住人的房子都没有，可是王阳明并不在意，反而以一颗出世心淡然地看待一切，他既没有怨天尤人，哀叹自己的仕途功名，也没有为自己的未来焦虑不安。相反，他在艰苦的环境中，努力思考儒、佛、道等思想和学说，越来越有所得，最终形成了自己的一套理论和主张，开辟了一条精神之路。之后的王阳明，不但在修心方面有所成就，在仕途上也越做越好。

王阳明怀着淡定随性的出世心，一步步做着眼下的事情，考取功名也好，成就心学也罢，在不骄不躁中获得了最大收成。每个人都有可能面对失败，王阳明也不例外，但他在失败的考验中坚守自己的内心，也因此让事情得到了更好的进展。他用他的人生诠释了用出世心做入世事的可贵之处和必要性，每个人都有不如意的时候，也都有迫切想要做成事情的时候，但做事是要讲求方法的，而不是一味地去争取，只有不太在意得失，才能淡然地解决问题。在现实生活中，我们常会遇到这样的人，越是在意的事情越是要用尽全力，但结果却总是不尽如人意。造成这种情况的原因其实在于，人越在意一件事，就越不容易看清楚这件事情的本质面貌，因而就会雾里看花，不能正确地把握其中的利害，反而使事情越来越糟。

在现代社会中，出世与入世的声音此起彼伏，要真正出世是有极大的难度的，但我们可以采取折中的办法，那就是用出世之心做入世之事。只有这样，才能不强求结果，清心寡欲地消除自己膨胀的欲望，还原自己的本心，这样在做事的时候才会不被无妄的念头所累，也才能更加专注、更加洒脱。

——《传习录》心学人生——

出世心，入世事，看似完全不同的生活哲学，一旦被恰到好处地运用到一起，就会产生意想不到的化学反应。我们必须借助这个世界提供的一些东西才能更好地生存，但在获取这些东西的过程中，又会遇到各种各样的问题，出世心不是不在乎，而是不强求。不强求即万事顺遂。

5. 不逾矩无偏颇

王阳明曾说："喜怒哀乐，本体自是中和的。才自家有着些意思，便过不及，便是私。"这句话的意思是说，其实所有情绪在本质上都是不带倾向性的，但是一旦自己有了别的想法，无论是做得太过分还是做不到，都是不应当的，这便是私欲。王阳明其实在告诉我们一个重要的道理，那就是只要一个人的心不受欲望的控制，就能不被外界的事物所诱惑，也才能做到不逾矩。

陆澄曾问过王阳明关于陆九渊人情世故的问题，王阳明回答道："除了人情事变，则无事矣。"意思就是说，在这个世界上，几乎所有问题都跟人情世故有关，这才是根本。"喜怒哀乐，非人情乎？自视、听、言、动以至富贵、贫贱、患难、死生，皆事变也。事变亦只在人情里，其要只在'致中和'，'致中和'只在'谨独'"。王阳明所说的"中和"，就是我们要谈到的不逾矩、无偏颇。总结一下，王阳明心学用最通俗易懂的说法就是"有度"，无论是在处理事情时，还是在人际交往中，尤其是在人际交往中，张弛有度才是保证一切顺遂和谐的条件。因为任何一个人，都有很多种情绪，比如愤怒、骄傲等，在我们跟朋友、师长相处的过程中，如果不懂得修炼如何控制自己的内心，做到不僭越，就会出现关系裂痕。

王阳明提倡善待他人，在与他人交往中，要保持中和，不超过应有的尺度。“处朋友，务相下则得益，相上则损”，所以说，在与朋友相处中，要抱着宽容的心态，因为宽容才不会斤斤计较，不会做出过分的事情和举动。王阳明不仅能做文官，还能带兵打仗，在与形形色色的人交往的过程中，王阳明练就了中和之道。宁王叛乱的时候，王阳明手下一个叫武文定的将领打了败仗，按照规定是要以军法处置的，王阳明的军法是出了名的严格，因此这名将领非常忐忑，但王阳明不但没有处罚他，还安慰他说胜败乃兵家常事，只要吸取经验教训，下次胜利就可以了。这样的决定成功保护了自己的手下，后来这位将领屡次立功，为平定“宁王之乱”立下了汗马功劳。

王阳明没有执着于军令，他控制住了自己的怒气，也没有因外界的声音而盲目下决定，这才使得他没有重演诸葛亮挥泪斩马谡的戏码，不然也就不会有武文定这样的大将了。正像王阳明说的那样，胜败乃兵家常事，于情于理都没有必要将一场不受自己主观意识控制的失败进行夸张的处理。王阳明就是这样在情理之中采用了宽容，让这一场失败演变成了最后的“双赢”。

贪婪是王阳明非常反对的，他仕途坎坷，但对自己的境遇却能随遇而安，这其中的原因就是，他并没有多少当官的欲望，说到底，王阳明只是想做一点造福百姓的事情。所以他才能在被贬到贵州后，不顾条件的艰苦和当地的劳苦大众打成一片。

讨伐宁王成功后没有得到朝廷任何奖赏，王阳明也没有心怀不满，索性就去南昌和朋友读书、修炼心性。他因为没有欲望，才没有做出过分的举动。因此，无论处在什么境遇中，他都能保持淡定的心，没有做出任何有失风度的不当之事。

“致中和”是王阳明的毕生追求，其难度自然很大，但正所谓祸福相依，只有克服困难得到的东西才是最珍贵的。不逾矩、不偏颇是“中和”的通俗表达，无论在什么境地，也无论处理什么事，只有不逾矩、不偏颇才能守住自己的内心，在外界的纷纷扰扰中得偿所愿。

——《传习录》心学人生——

欲望大的人，行为容易失去理性，没有理智和定力的人就更容易做出不当之事，而这些不当行为带来的恶果通常超出我们的想象。尺度看似是一种约束和绑架，但究其根本，只有所有人所有事都在尺度之内，不逾矩、不偏颇，才能皆大欢喜。

6. 不怕不悔从心所为

王阳明曾说："良知之说，从百死千难中得来。"这是他在心学建构成功很多年之后的内心感慨，对于王阳明来说，心学让他不断修行、不断强大，最终达到了脱胎换骨的程度。这也启示我们，不要担忧现阶段所遇到的障碍和挫折，生活这条跑道的长度远超出我们视力所看到的范围。顺从自己的内心，稳住自己的内心，对待万事用尽全力顺其自然，不要害怕，不要自己吓自己，生活往往会给我们一个意想不到的足够精彩的结果。

王阳明的心学道路走得并不顺利，充满了挫折和打击，但正是这些遭遇让他成为了心学大师。原因在于，他在遇到不公甚至是恐怖事件时，依然能够修炼自己的内心，也就是他自己所倡导的"持志"，这份坚定的内心所向，让让他不怕困难，也因为这份坚定和方向，不管结果他如何都能云淡风轻。

王阳明曾参加那场惊动朝野的反刘瑾运动。众所周知，刘瑾在明武宗即位后，就和永成、高凤等七名太监得到了新皇帝的完全信任和宠爱，他们八个人被称为"八虎"，而刘瑾就是"八虎"之首。凭借着皇帝的喜爱，刘瑾和他的爪牙们极为猖狂，经常撺掇明武宗吃喝玩乐，导致皇帝不务政务，朝内的大权则顺利地落入了他们手中，而他们又仗着自己手里有权，为非作歹，严重影响了百姓生计和朝廷稳定。在这样的情况下，大臣们纷纷上书进谏，希望皇帝看清身边的蛀虫并将他们诛杀，但皇帝举棋不定，刘瑾得到消息后，就向皇帝哭诉求情，明武宗一心软，竟然没有惩治刘瑾这些人。

在这场轰轰烈烈的政治风波中，王阳明也受到了牵连。当时有个叫蒋钦的大臣，因为上书被抓进了监狱，王阳明知道后就给皇帝写了一封信，在信中表达了自己的看法。他劝告皇帝，也许这些进谏的大臣说了什么不稳妥的话触犯了皇上，但针对可能会危害江山的事情表达观点、劝阻皇帝，是臣子的职责，他们并没有做错什么，只是在做自己应该做的事情。如果他们说的是正确的，皇帝不但不应该迁怒他们，反而应该听从他们的；如果他们说的不正确，皇帝也应该心胸开阔，不与他们计较，只有这样，才会有越来越多的臣子敢来向皇帝说实话。

这封上书措辞并不激烈，但依然被刘瑾认为是在含沙射影地针对自己。按照刘瑾的行事风格，他是绝对不允许这样的人阻碍自己的坦荡官途的，于是他下令将王阳明抓进了牢狱，这还不算，为了一解自己的心头大恨，刘瑾还下令在将王阳明关进监狱之前再打他四十军棍。

带着一身伤被扔进监狱的王阳明，又不幸生了肺病，经受着身体和精神的双重痛苦，他后悔了，不过他并不是后悔与刘瑾作对，而是后悔不应该进入官场，政治太复杂了，自己对这些钩心斗角的事实在是太厌烦了。王阳明也想过死亡，这种生活不自由、精神又遭受极大打击的生活，他实在过不下去了，死亡反而成了最好的解脱方式。但王阳明很快发现自己内心的真正声音，那是一种具有极大力量的韧性和坚定，他想到了自己的志向，想到了自己的人生，想到他在生活中获得的美好与糟糕，最后他明白了，人在困境中容易对未来感到害怕，也容易对自己以前的所作所为感到遗憾和后悔，可越是陷在这样的情绪中，越是容易走向万劫不复。于是王阳明凭借自己强大的内心，等到了被释放的那一天，虽然之后他又被贬到贵州，但总算是死里逃生。

人生在世，失败在所难免。因为想得太多，所以害怕失败。面对生活中的得与失，起决定性作用的并不是人生的际遇，而是思想的一念之间。在人生的落漠与辉煌、失败与成功转化的过程中，我们需要从容地面对每一次风浪，唯有淡然处之，勇敢地走下去。

——《传习录》心学人生——

害怕和后悔是人性格的组成部分，没有谁可以终其一生都不遭遇这些情绪，但对于心智成熟、足够坚定的人来说，一定可以发觉这些负面情绪所带来的恶果。它们会摧毁一个人的意志，因此，处于极端环境中时，要顺从自己内心的声音，不要慌，稳住心，稳住自己，才是走出绝境的法宝。

7. 心不动人中龙凤

人是有区别的，不同的生活环境、不同的人生际遇，都有可能成就完全不相同的人生，即便是相同环境中长大，受着相同教育的人，也不见得在为人处世上类似，这当然跟性格等原因有关，但还有很重要的一个原因，那就是“心”。尤其在遇到外界环境发生变化的时候，能保持内心安定的人，自然可以准确地找到支撑自己的精神支柱，不致乱了方寸，而那些看似很强势很成功的人，如果没有安定的内心，就会自乱阵脚，泯然众人，这是判断哪些人是人中龙凤的标准。

在《传习录》中，王阳明的弟子兼妹夫徐爱曾疑惑道：“圣人可学至。然伯夷尹与孔子，才力终不同。”意思是说，通过学习，很多人都可以达到成为圣人的标准，但如果将伯夷尹跟孔子相比的话，这两个人的智慧和才气终究还是有所不同啊！王阳明确实有过“故虽凡人而肯为学，使此心存乎天理，则亦可为圣人，故曰人皆可以为尧舜”的说法，但对于徐爱的问题，他又阐释了一层更为深刻的道理，这道理就是，虽然普通人心存天理就可以成为人群中的佼佼者，但究竟什么是天理，如何心存天理才是最关键的。其实在王阳明心学中，“存天理”的最通俗理解就是“心不动”，“心不动”不是指凡事都无动于衷，而是说对万物都有自己既定的判断，慎思笃行，有方寸有尺度，知行合一，如此才能成为“人中龙凤”。

王阳明认为，每个人天生都是具有“良知”的，但不是所有人都具有随时运用“良知”的能力，“人之气质，清浊粹驳。有中人以上，中人以下”。就是说，人在能力和领悟方面是有高低之分的，有的人能做到知行合一，完全懂得如何让自己心不动用力做事，这些人就很容易取得成功，但有的人就不行，他们要不就是需要别人指点才能致良知，要不就是困顿愚昧难以做到，只能为了生存而生存。后两种人要想做到跟第一种人一样，就要付出艰辛的劳动和努力。因此，如何做到“心不动”就成了一个至关重要的问题，生活充满了不确定和意外，在面临突发情况的时候，大多数人的心情会受到影响，即便我们心里明白，这些事情并不具有致命的破坏力，但还是会因此而忐忑不安或劳心劳力。可越是这种时候，我们越看不清自己的内心到底需要什么，我们被环境牵制的时候，容易关心则乱。在这样的情况下，心存天理，不心猿意马，笃定地知行合一，才是我们成为王阳明所界定的第一种人的最佳途径和方法。

王阳明心学的最大力量在于自己的内心，这种心灵的安定之法是所有能力和力量的来源，相当于根一样的存在，如果没有不动的内心，是不可能成为成功者的。遇到顺境，取得一点成功就沾沾自喜、飘飘欲仙，遇到逆境就觉得生活一片黑暗、生命充满绝望，这样的人不但自己活得痛苦，也无法在这个充满竞争的社会中占有一席之地，就更别提做出一番值得纪念的功业了。

王阳明心学告诉我们，拥有一颗安定的心，在处理复杂事物、享受生活方面，是多么的重要。要知道，在我们的生活中，很多事物瞬息万变，生活如同战场一样，胜败乃兵家常事，只有保持内心淡定，才能在这纷繁错杂中发现自己的正确方向和目标，也才会激发自己致良知的能力。即便我们不想成为最成功、最优秀的人，但在日常生活中，在工作、人际、家庭等关系中，想要收获一份诗意的人生和生活状态，心不动也是必备的能力。

——《传习录》心学人生——

浮躁是现代人的通病，只有“心不动”的人，才能真正赢得丰盛诗意的人生。人并非全然相同，优秀的人各有各的能力，失败的人却几乎都败在定力不够。顺境也好，逆境也罢，不被身外物所牵绊，知行合一，才能释放真正的能力和激情。

第十三章

革心

权变即事功，别认死理，要会灵活变通

如果暂时改变不了环境，那么就要去顺应它，千万别钻牛角尖。修心并不是封闭自己，而是要把万物融入心中，只有这样才能在紧急时断臂求生，才能适时变通，从而找到成功的捷径。

1. 修心不等于封闭自我

我们谈了太多修心的好处，但修心也是有误区的，如果我们不清楚修心究竟指什么，就很容易陷入自己耽误自己的境地，不但没有办法好好修心，还会一失足成千古恨。现在社会上有一些打着各种旗号的修行组织，他们常常告诉信众，是生活和工作阻碍了他们本身的智慧，人要想升华必须放弃很多东西。我们面对这样的说辞，会误以为只有脱离自己现在的生活才能真正地修心。

在《传习录》中，王阳明也针对这个问题做过说明："若只好静，遇事便乱，终无长进。那静时功夫亦差似收敛，而实放溺也。"这句话的意思是说，如果我们一味耽溺于修心，而不关注外界的环境，看似收获了率性的自己，但其实长此以往，等到真的遇到外界环境发生变化的时候就会突然慌乱，丧失应对能力。所以说，安静修心的精修，在表面上看来是收敛，但实际上却是对自己的放纵和沉沦。因此，在学习王阳明心学的过程中，必须认清楚修心并不等于封闭自我。

封闭自我在现代社会很常见，我们自己也会时不时地不小心犯这个错。一旦我们长时间处在一个工作和生活环境中，对身边的事物越来越熟悉，相应地由这种熟悉带来的安全感就越来越明显，这个时候我们就会依赖这种安全感，而不敢或者不太愿意去做其他改变，长此以往自己就会越来越狭隘。

更为荒谬的一种情况是，当一些人面对求职或升迁遭遇失败时，他们不但不会坚定自己的意志和理想，以求厚积薄发打败眼前的困难，成为自己想要成为的那种人，反而会退到自己熟悉的领域中，以寻找心理的平衡，并且把这种平衡酿造成一种类似心灵鸡汤的东西，宣扬着岁月静好、人生最好的事情就是你最爱的人都在身边，等等。但这样并不能解决我们的根本问题，只会让我们越来越封闭，越来越丧失竞争力，并且还把这种自我封闭当作训练自己面对繁华世界的定力。

王阳明曾经有一个下属，非常爱学习，也很爱听他讲学，但他经常有困惑。有一天，他问王阳明："此学甚好，只是簿书讼狱繁难，不得为学。"意思是说，虽然王阳明的讲学很好，但自己因为事务太多，根本没有时间去修行。王阳明一听，就知道这个人对心学的理解不到位，他误以为修心就是不管其他事情，把所有精力都放在修心上面。

于是王阳明对这个下属说："我什么时候让你放弃工作和案件，没有凭借地做学问了？你既然需要断案，就从断案的事情中修学，这样才是真正的格物。"在王阳明看来，心学绝不是与世隔绝在自己的小空间里自我封闭，而是要将这个大世界都作为辅助促进修心的外在环境，在这个丰富的环境中，在自己的本职工作中，努力钻研，只有这样修行，才能真正掌握心学的精髓，"盖日用之间，见闻酬酢，虽千头万绪，莫非良知之发用流行，除却见闻酬酢，亦无良知可致矣"。

因此可见，真正的修心绝不是单纯地自我放溺和沉沦，而是要"持志"，是长久地"持志"，而且要采取行动，只有所谓的修心而没有实际行动的话，注定是狭隘的。他主张把日常生活和正常工作，甚至把对未来的希望和追求都视为修行，因为人只要活着，就不可能在所有事情上都自给自足，必须跟其他人接触才能有所得。

——《传习录》心学人生——

修心不是极为狭隘地与世界消极对抗，它是一种宏大开阔的生活哲学，不同于宗教所宣扬的四大皆空，它是一种实实在在的实践之法。

人，不是孤立的存在，而是组成整个世界的一小部分，修心可以让每个人都成为更好的自己，但封闭自己不但不会得到心学的精髓，反而会让这个世界变得越来越糟糕。

2. 心即是环境的投影

环境就如同一个大染缸，不同的环境总是能给那些意志不坚定的人以不同的影响，可是人一旦开始受外界环境侵扰，就会迷失自己。这是一个充满着多元文化、多元评价标准的世界，我们自己的心与外界的环境有着千丝万缕的联系，正像前文所说的那样，没有谁可以孤立地存在于这个世界上。那么，心如果是受外界环境的影响，又该如何应对呢？

王阳明心学主张心外无物，这并不是说让我们把自己封闭起来，不关心任何外界事物，这一点在上一节也已经提到过，而是要让我们在纷扰的外界环境中修学养性，使得外界那些可能影响我们的环境经由我们的格物而变得对我们有益，这才是修心对外界环境最大的需求。在《传习录》中，有这么一段话："圣人之心如明镜，只是一个明，则随感而应，无物不照。只怕镜不明，不怕物来不能照。讲求事变，亦是照实事，然学者却须先有个明的功夫。学者惟患此心之未能明，不患事变之不能尽。"

通过这段话，可以发现，王阳明主张的首先是心“明”，很多时候，靠我们单薄的力量根本无法撼动那经过几十年甚至几百年形成的固定套数，如何在这些乱七八糟的环境面前成就自己呢？所谓“心即是环境的投影”，绝不是要我们逆来顺受，而是要我们“明”是非做选择。

当你遇到不好的环境，靠自己内心的力量可以与之抗衡，这种抗衡能让你不被环境所同化，所诱惑，不致丧失掉对生活的信心；当然，如果遇到好的环境，对我们修炼心性自然是有所助益的，但糟糕的环境有时候是成为强者不可或缺的条件。很难想象一个人如果一生都顺风顺水，那么临到生命尽头，究竟有多少故事可以用来怀念呢？

当我们知晓这一点之后，就会明白王阳明所主张的心要“明”是多么重要了，各种各样的环境带来各种各样的事情，有的复杂有的简单，有的便捷有的棘手，可不管怎么样，那都是修心的一部分，万万不可轻视。在《传习录》中，王阳明的弟子陆澄曾经发出过这样的疑问：“静时亦觉意思好，才遇事便不同，如何？”这就是说，自己为什么在没有遇到磨难时觉得自己心学修炼得很好，但一遇到事情便乱了心绪呢？王阳明就这个问题教导他说：“人须在世上磨，方立得住，方能‘静亦定，动亦定’。”就是说，人只有在经历很多事情后，才能不断地磨炼出自己的心智，才不容易被环境影响，做到无论是顺利还是坎坷，都能用一颗淡然的心面对。

能不能修好自己的心，真正做到知行合一，不是我们一拍脑袋自我假想出来的，那是要经过实际环境检验的。很多人在没有遭遇恶劣环境时，对自己信心满满，好像自己已经成仙成圣，绝不会被外界打倒，但当真的置身于复杂环境中时，往往自乱阵脚，这就是缺乏环境的磨炼所致。关于这一点，王阳明不止一次阐述：“人须在事上磨炼做功夫乃有益。若只好静，遇事便乱，终无长进。”这句话也是说要多经历磨炼才行，而环境就是最好的老师和助手。

环境可以造就一个人，也可以毁掉一个人，关键要看这个人是否有一颗足够“明”的心，是否可以借助这颗圣人之心达到磨炼自己意志的目的。不存在自生自灭的内心，如同不存在没有实质物体可以依赖的影子，所以说要想修心，必须能够适应各种各样的环境，这种适应不是被动地适应，不是那种得过且过地顺其自然，而是充分利用环境带来的境遇和考验，顺境中磨炼自制力，逆境中培养忍耐力。心是被塑造的，是被驾驭的，但最重要的，还是我们本身一定要有这样的意识和意志。也只有认识到这些，才能在面对不同的环境时不怨天尤人，不唉声叹气，而是精神抖擞地、充满力量地去吸收、去成长。

——《传习录》心学人生——

常言道，时势造英雄，说的就是环境的重要性。环境可以塑造一个人的应变能力，也可以锻炼一个人的心智，正确看待环境对自己的影响，善于转变其中坏的一方面为好的一方面，这是新时期人们自主性和能动性的体现。

3. 先顺环境才能立功业

人生不如意十之八九，没有谁可以避免所有不如意只要“人生得意”，环境有各种变数和可能性，要怎么才能顺利地成就自己呢？最好的办法就是，在外界环境对自己有利时保持内心不失去本真，在外界环境对自己不利的时候不要自怨自艾或愤怒异常，而是要先顺应已经存在的环境、已经发生的变故，在顺应之后调整自己的心态，只有如此才能成功。

王阳明被贬谪的经历众所周知，很多年后，王阳明在回想这段经历时不无感慨地说：“往年区区谪官贵州，横逆之加，无月无有。迄今思之，最是动心忍性砥砺切磋之地。当时亦止搪塞排遣，竟成空过，甚可惜也。”王阳明从未想过得罪他人，可官场不由人，经历这场政治风波也是他所不愿意遭遇的，但时过境迁之后再谈论，却觉得那是最让自己动心养性的地方。

王阳明也是普通人，在被贬谪时他也有埋怨，也有愤怒和悲伤，也多多少少影响了他的修心。如果当时他能心如止水地顺应环境，并把逆境当作生活给自己的财富，也许多年后再回想，他会少一些遗憾和无奈。但王阳明的可贵和过人之处，在于他很快就调整好了自己的心态，他的一生充满了磨难，每当遭遇世人看来很困顿的事情时，他都喜欢用孟子的话安慰自己："天将降大任于斯人也。"事实也证明，他有在坏环境中不急躁的优秀品质。

公元1512年，王阳明被朝廷派到南京担任太仆寺少卿，当他到南京后才发现，这个职务是一个闲职，根本没有什么事情可做，他手下的人也是清清闲闲，随便应付了事。面对这种情况，王阳明突然明白，朝廷虽然给了他职务，但并不打算重用他。然而即便如此，王阳明也没有动心，相反，他觉得正好有时间去钻研学问提升自己，于是他经常到滁州城附近一座山清水秀的深山里思考问题，讲授心学，使得心学的体系更加完善了。

一段时间后，王阳明得到了晋升，他的人生迎来了新的机遇和可能。可以说，是之前看似无用的闲差，让他有机会在等待中调整自己，积蓄力量。王阳明时常告诫弟子——心外无物，就是希望弟子可以用自己内心的力量，应对外界环境，不被外界环境的顺遂或棘手所拖累。

经常可以见到这样一些人，他们的人生过得异常顺利，简直就是含着金钥匙出生的上帝的宠儿，他们没有经历过很大的挫折和磨难，在既有资源的帮助下，他们走得顺风顺水。但是一旦外界环境发生变化，就会打他们一个措手不及，如果遭遇磨难的人不懂得大丈夫能屈能伸的道理，往往会变得个性偏激，在处理事情时也往往过于强硬，而我们都知道过于强硬的木头容易折断，这是非常不利的一种生活状态。王阳明不会这样，他知道人需要在事上磨的道理，也知晓人蹲下来是为了跳得更高的哲学，所以他从来不会萎靡不振，也从来不会急功近利。在龙场时，他甚至还在阳明洞里修建了一个石棺，经常在那里思考人生哲理，这就是顺应环境积淀自我的最好证明。

必须明确的一点是，顺应环境并不等同于屈服外界，真正的顺应环境，是明白无误地知道，自己一时半会儿不具有改变整体局势或脱离这个环境的可能性，这个时候，与其浪费时间在一些无谓的抗争中，还不如调整心态，找到让自己成长的动力和因素。只有自己不停地前行，才会拥有更强的应对能力，也才能增加改变环境的可能性，这才是顺应环境的最终目的。

——《传习录》心学人生——

人生天地之间，大风大浪都是岁月痕迹，有能力改变的事情我们尽全力去做，暂时无力改变的事情也不要气馁、不要放弃，要学会顺应环境，不钻牛角尖，在已经环绕我们的环境里找到可以让自己成长的因素，厚积薄发，沉淀自己，等到外界环境发生变化时，我们才有更多的精力和力量去应对新的环境、新的挑战。

4. 认死理必会撞南墙

美国著名成功学大师戴尔·卡耐基曾说过这样一句话："只有偏执才能成功。"的确，很多成功人士都对目标有着极为偏执，他们往往有不妥协和不放弃的精神。但事实上，在心理学层面上，偏执有一个致命之处，那就是认死理，要知道，坚持绝不是一条路走到黑。在对人对事上，坚持是必需的，但认死理却会撞南墙。

王阳明曾经也是认死理的人，他也不是天生就拥有强大的内心力量，而且像王阳明这样有所求的人，一旦认起死理来会比普通人更加可怕。他小时候就立志要做与圣人比肩的人，为了这个目标，他对身外的物质和名利不感兴趣。但就是这样一个看似人生梦想的目标，在他青年时期，却成了他最大的执念，不但没有让他成为理想中的圣人，反而让他处处碰壁。

那时，王阳明17岁，他受父母之命来到江西南昌，要跟他远房舅舅的女儿也就是他的表妹结婚。因为是父母之命，两个人除了小时候见过，互相也不了解，因此王阳明内心不是很重视这个表妹，只不过碍于面子和承诺来成婚罢了。最意外的事情是，成亲的当天晚上，王阳明似乎在圣人之道上想到了什么，这让他感到兴奋，可思考这种事也不是一时半会儿就能彻底想明白的，但王阳明就是认定了这个死理，他不停地思考，最后竟不知不觉走出了岳父的家，他迷迷糊糊地前行，也不知道自己要去哪里，只知道自己要想清楚一些道理。

后来他走到了一座寺庙里，这个寺庙名唤“铁柱宫”。王阳明也没多想，就径直走了进去，进去之后，他发现一个白发苍苍的老道士在里面闭着眼休息，就想要把这个老道士叫醒，觉得也许对方可以帮助自己厘清一些思绪。老道士被王阳明惊醒后，吓了一跳，倒不是因为铁柱宫里突然多了一个人，而是因为他看到王阳明的脸色特别不好，呈现着一种青灰色，当下就断定王阳明思虑过重。果不其然，五年后，王阳明得了很严重的肺病。

老道士想要挽救这个年轻人，就跟他讲了一些养生方面的事情，但沉溺于儒家思想的王阳明哪里听得进去，他不但不听老道士对他身体方面的叮嘱和建议，反而觉得老道士完全不懂自己。如果当时王阳明肯暂停一下对儒家哲学的偏执思考，也许他五年后就不会得那么严重的病了。

要知道，王阳明可是在新婚之夜从家里跑出来的，他这一走可不要紧，岳父家里像乱了锅似的，他新婚的妻子也很生气，恨父亲给自己找了一个这么不靠谱的丈夫。再说王阳明跟这个老道士在道观里过了一夜，直到天快亮的时候，才突然想起来自己不该在这里，而是应该在新婚的洞房里。他急急忙忙回去，虽然他的岳父并没有责怪他，但据说王阳明跟妻子的感情一直都不太好，这可能是王阳明为自己的偏执付出的代价。

有一些研究王阳明的专家说，王阳明在南昌待了一年多，但在这期间，跟老婆交流极少，很多年后，王阳明对他的弟子谈起这段时光，竟然说得最多的是练字，可见夫妻感情之一般。但好在王阳明并不是所有时间、所有事情都这般偏执和认死理，也总算是在哲理上有所得。

——《传习录》心学人生——

人的一生中，总有一些事是心头的朱砂痣，放在那里特别地刺目，好像我们就非得怎么样不可。但有的事真的不是我们钻牛角尖就可以解决的，因此在遇到想不通的问题时，千万不要认死理，停下来，换个角度，也许会让我们离目标更近。

5. 变通多一点，阻力少一点

世界是在变化中一步步发展的，世界上没有一成不变的东西，生活在复杂多变的社会和人际关系中，如果不懂变通，就有可能遇到很多阻力，就像鸡蛋遇到石头，如果不改变自己的路径避开它，而是非要硬碰硬的话，难免会碰得鼻青脸肿，头破血流。因此，变通是减少事物阻力的一种绝佳方式，可以用最小的成本得到最大的收获。

王阳明是一个很懂得变通的人，这种变通不是朝三暮四没有定性，而是用可变可控的方式处理问题，不墨守成规，不被传统束缚。毕竟这个世界是个瞬息万变的世界，每个人都用自己的方式与世界发生着联系，如果能够用变通的观点和思维来对待万事万物，就能在复杂事物中找到解决问题的方法。

王阳明曾经多次参加平定农民起义，在处理这些涉及太多利益的动乱中，王阳明没有采用传统的直接镇压、暴力压制的方法，而是调查当地农民和刁民的区别，以及发生农民起义的原因，最终他发现造成社会动荡的不是穷苦的大众，而是暴民。于是，他把这两者区别开来，重点镇压打击那些杀人越货的盗贼，对于确实参与了起义的普通百姓，他则按罪行大小定惩罚，如果他们认罪态度良好，王阳明就从轻处理。这样的处理方式充分证明了王阳明变通的能力，他的处理方式，大大减少了敌对方人员的数量，也给了自己收获人心的机会。

此外，王阳明在打仗时不会完全依照兵书上的方法排兵布阵，而是根据实际需要，灵活制定政策，因此才能出其不意攻其不备，得到最后的胜利。所以说，任何事物都是复杂的，也是可变的，当面对这种局势时，应该发现其中的规律，掌握规律，不墨守成规，于变动中找到最佳的解决方法。相反，如果不善于变通，不撞南墙不回头，不到黄河心不死，就会四处碰壁，就像《传习录》中王阳明曾说的那样——“天下事虽万变，吾所以应之”。很多人会被事情的表象所蒙蔽，于是产生非如此不可的执拗，但事实上根本不是如此，关键是自己要学会变通。一根筋的人，看似因为执着而丰富了自己，但事实上却给自己设置了局限，不懂变通就会减少处理问题方式的可能性。

王阳明心学关于变通的说法对教育也很有借鉴意义，“圣人教人，不是个束缚他通做一般。只如狂者便从狂处成就他，狷者便从狷处成就他，人之才气如何同得?”意思是说：“圣人在教育人的时候，并不是死守着一个模式，而是对不同的人采取不同的方式。如果是狂者，就要从狂者的角度来教导他成就他，如果是狷者，就从狷者的角度来成就他指引他。”不能对所有人都采取一个模式，试想一下，老师教育学生，不管这个学生的个性如何，也不管这个学生是否有特殊之处，而是采用“一刀切”的方法，对所有学生都用一个模式，那可想而知，每个学生都无法有所成就，他们的个性会被阉割。这对于一个以教育人为生的教育者来说，就是不负责任，除了伤害学生之外，也给自己的教育事业增添了巨大的阻力和障碍。

人要活得有韧性，就要像水一样，水顺着河道流过，沿途遇到很多障碍，石头阻碍了水流，水流就转变个流向继续向前，如果水流一定要磨平石头才前行，那么将会浪费很长时间。人也是如此，死磕绝不是解决问题的最好方法，绕不过去的时候要懂得变通，这样阻力就会少一点。

——《传习录》心学人生——

困则变，变则通，通则生。考察世间大多数事情，都逃脱不了这个规律和魔咒，大多数困境都是因为不懂变通而自己束缚了自己。不懂变通、顽固不化，事情才会一僵再僵。因此在遇到事情时，切莫“一根筋”，不撞南墙不回头的结果有可能会撞死自己，心不固执才会在复杂境遇中找到更好的出路。

6. 危急时则断臂求生

俗话说，失之东隅收之桑榆，当一个人内心足够强大时，就会明白真正对自己有用的东西是什么，也会知道什么时候应该放弃哪些东西来保全大局，遇到顾此失彼不得不有所选择的时候，就能做出更有长远意义的选择。人生的困境多半来自自己的欲念，人有欲望就会有得失心，得失心会让人不断产生其他欲望，贪心越大就越无法保持判断力，而修心最大的作用就是让我们时刻保持判断力，心外无物，万物都在心中，如此，清明澄澈的人不会陷入生活中那些莫名其妙的困境，就算一不小心陷进去了，也懂得如何自保，懂得放弃，也才是真正意义上的“知行合一”。

王阳明说：“求名之心过盛必作伪，利欲之心过剩则偏执。”人不断掉这些东西，就无法成就自己完善的人生。在王阳明看来，很多人只要不小心沾染了贪、恨、怨等戾气，就会很快走进人生的危局之中，这些东西就像是难以控制的野马，它们的不确定性会带来极大的伤害。但王阳明心学可以给我们解脱的方式，让我们在关键时刻不被左右，做到断臂求生。

王阳明是一个很复杂的人，他有他的果敢、儒雅，同时也有他的戾气。在王阳明的一生中，有一件不可不提的事情，那就是平定桶冈山。那里的山贼在当地势力很大，他们经常化装成百姓躲在普通百姓家，以便躲避官府的讨伐，等到官府无功而返之后，他们再出动到山上再度为贼，这样反反复复。官府因为不熟悉当地环境，而且每次都需要长途跋涉，因此对山贼打击的力度越来越小，这些山贼的势力也就愈加壮大了。

现在轮到王阳明带兵来剿匪，因为桶冈山地势非常险要，借助天险其实是易守难攻的，王阳明看着这个形势，思考再三，觉得如果硬攻胜算不大，而且就算胜了也会伤亡惨重。于是，在权衡利弊之后，王阳明决定先派人上桶冈山，劝降山贼头领。同时，为了防止发生变故，他提前准备好了攻打的兵马。后来，山贼内部在是否接受劝降的问题上产生了严重分歧，有些人觉得可以投降，这样就可以过安稳日子，从此双方相安无事，但是有些人认为坚决不能投降，而是要抗争到底，只有这样才能保存实力不被官府力量吃掉。在这样的情况下，王阳明果断下令，直接进攻，打了山贼一个措手不及，匪患成功地被解决了。

事情发生后，很多人对王阳明的做法表示不满，认为他违背了基本的诚信，一边假意劝降，一边却暗中调兵攻打对方。事实上，王阳明从一开始就抱定了要彻底消除山贼的想法，因为他知道，如果这些山贼不除，不但会随时威胁朝廷的安定和江山的稳固，更会影响当地百姓的生活甚至生命安全，所以在王阳明的认知中，铲除这些山贼是当务之急，是所有行为中最符合德性的。

兵不厌诈乃是军队作战的基本法则之一，如果仔细分析王阳明一生所经历的军事战争，可以发现其实他在每一场战争中，都能准确把握最核心的矛盾，并且他知道为了解决这个矛盾，该做什么样的决定，在危急时刻从不优柔寡断。至于战争中的诚信，当时山贼并没有答应投降，因此在战争的策略上，王阳明并不算背信弃义。

“知行合一”的大智慧说起来容易做起来难，在很多事情中，我们很容易被眼前的一点小小的道德感所约束，而往往忽略了更本质的、大多数人的利益，这让我们变得眼界狭窄。王阳明所主张的心学，贵在不拘一格，不墨守成规，贵在能够审时度势，在关键时刻放弃那些为自己带来光环的东西，真正维护大多数人的利益。这才是真正有力量、有价值的断臂求生。

——《传习录》心学人生——

断臂求生，注定是一个牺牲，但如果这个牺牲可以换来更大的收获，那就是值得的，问题的关键在于，我们总是无法在重重迷雾中看清楚究竟什么才是真正应该守护的东西，在这一点上，我们应该向王阳明学习，不在乎一时的名利和评价，心与万物合一，不贪恋世俗，不放纵欲望，如此方能知行合一。

7. 不逞能，尽责即可

中国有一句很有智慧的话叫作“人贵有自知之明”。虽然在现代生活中，这句话常常被用来表达无奈，但究其根本，可以发现蕴含在其中的道理。不管做什么事情，知道自己的极限在哪里，能做到量力而行，是保证自己顺利完成任务的第一原则，眼高于顶的人不但没有办法出色地做好事情，而且会因为怀疑自己而心情低沉，万事不逞能，尽责即可。

在《传习录》中，王阳明很用心地解释了这个问题，虽然心学中“致良知”是王阳明不遗余力提倡的，但他也懂得不能不顾自身的力量而强行为之。他曾经说过这样的话：“我辈致知，只是各随分限所及。”就是说所谓致良知，也不过就是尽自己的能力去做好自己的事情罢了，因为人的能力分高低，悟性也分高下，而这些事情基本上是天生的，不是单纯靠人力可以解决的，虽然努力是我们改变自己命运的不二之选，但即便是这样，努力也是要有方向和限度的，不能揠苗助长。

“今日良知见在如此，只随今日所知扩充到底。明日良知又有开悟，便从明日所知扩充到底。如此才是精一功夫。”这句话是什么意思呢？就是说如果今天你能参悟到的良知能到这个地步，那么就按照你今天的理解去修心，明天如果又有了新的体会，那么就按照明天所理解的去

“格物”、“致良知”，这样就够了，千万不要在今天还没有达到很高级别的时候就着急地想要达到更高的级别，只有这样才是做到精准的必备功夫。有很多人，恨不得一步就可以在某些事情上做到登峰造极的程度。一般情况下，但凡怀有这种目的的人，不但会空增自己急躁的情绪，而且也会因为太急功近利而胡乱对付事情，就像雨水特别充足的竹子，虽然可以一夜长很高，但其内心却是空的，这就是王阳明所说的不“精一”。

王阳明的弟子在《传习录》中用了很长一段话来记载王阳明对于此事的教诲：“与人论学，亦须随人分限所及。如树有这些萌芽，只把这些水去灌溉。萌芽再长，便又加水。自拱把以至合抱，灌溉之功皆是随其分限所及。若些小萌芽，有一桶水在，尽相倾上，便浸坏它了。”王阳明很擅长用简单通俗的例子，来说明很抽象的道理，在这里他就举了一个很好理解的例子：就像我们给树浇水，如果这些小树苗才只处在萌芽阶段，就应该用少量水浇，随着小树苗不断长大，给它们浇水的水量也应该相应增加，等到它们长成需要双臂合抱才能抱住的时候，就要浇大量的水才能满足它们所需要的水分，如果用浇大树的水量去灌溉小树苗的话，这些小树苗不但不能很好地吸收，反而会被泡坏。

其实人跟树木在某种意义上是一样的，因为能力等各方面的差异，我们所需要的“水分”也是不相同的，不需要或者不能够利用那么多的外界资源，就可以适量减少一些欲望和要求，不然其实对自己也没有什么好处，只是徒增一些不必要的负担和压力而已。希望大家对事淡然处理，万事不强求不逞能，不做自己能力之外的事情。但不逞能并不代表不努力，对待事情我们还是要尽自己的全力，做到尽责，这也是我们作为一个社会人应该有的责任感和担当。常言道：“知人者智，自知者明。”有智慧的人都是对自己有着很清醒认知的人，他们往往知道自己能做到的事和做不到的事，因而在选择做什么事上，也就会更加睿智地进行判断，不会高估自己，避免愚蠢就是最高明的智慧。

——《传习录》心学人生——

个人的力量是非常微小的，总有一些事是我们无法做到的，当遇到这样的情况时，千万不要妄自菲薄，但也不可盲目逞强，因为逞强既是给自己增加负担的不智行为，也是对其他人不负责任的不善行为。不逞强方可淡然处之，选择适合自己的事，然后尽心尽力做好自己职责范围内的事，才是最和谐、最智慧的选择。

8. 心淡定，悲喜无益于事

成功可以让人感受到喜悦，失败可以让人感受到悲伤，恰到好处的喜悦和悲伤是生活的调剂品，会让日子变得更有滋味。但如果这些事情超出我们的负荷，就会成为阻碍我们前行的障碍。在生活中，没有谁可以不经历任何挫折和失败，也很少有人连一次都没有成功过，如果我们遇到这些起起落落就大喜大悲，那么成功就有可能带来骄傲和放纵，失败就有可能造成沮丧和颓废，于事无益。

在《传习录》中，王阳明对此事进行了通俗易懂的阐明："譬如行路的人，遭一蹶跌，起来便走，不要欺人做那不曾跌倒的样子出来。"这就是说，如果一个人走路时不小心摔了一跤，爬起来确认一下自己没有受伤，再接着往前走就是了，千万不可自欺欺人装出一副从来没有摔倒过的样子。人应该有一颗淡定的心，心平气和地接受自己所遭遇的事情，万不可因为失败就一蹶不振或者自欺欺人。

生活中，有很多这样的人，他们经常因一点收获和成功喜上眉梢，仿佛拥有了全世界，当他们遇到一点不顺的小事，就吃不下喝不下，一副世界末日的样子。其实这些人之所以生活得如此辛苦，是因为他们的心不定，心不定就容易被环境影响。而反观那些强者，他们无论面对成功还是失败，总是云淡风轻，从没有被情绪控制，究其原因，恐怕就是他们拥有一颗淡定的内心。

王阳明认为无论是做事还是做学问，都要保持内心的澄明，万万不可心不静，毛手毛脚地做事，三分钟热度，只有心灵淡定，才能看淡世间荣辱，做到宠辱不惊。如果我们的心不淡定，就会人云亦云，随波逐流，更严重的会丧失自己的判断力和选择力，很容易胡乱处理事务。面对功名利禄和荣辱毁誉，王阳明悟出了最合适的人生态度，即“渊默”。“渊默”是一种考验内心是否坚定淡然的理念，“众人嚣嚣，我独默默，中心融融，自有真乐”，这样一种看淡万事、保守内心的做法，让王阳明顺利度过了人生的低谷期。

王阳明声名大噪后，很多人慕名前来听王阳明的心学，但王阳明并没有因此而沾沾自喜，而是保持着平淡的内心，随遇而安，没有让突如其来的成就左右自己。当时还有很多官场的人前来，视王阳明为高人，他们想要让王阳明跟他们一起做一些对自己有利的事情，但王阳明对这些事毫不动心。

由此可见，心淡定是多么重要的能力，一颗淡定的心能够让我们应对外界时不悲不喜，也不容易被其他别有用心的人利用，如此才能有更好的结果。

——《传习录》心学人生——

笑看世间万物，不是因为不曾遭遇悲痛，而是心有足够的定力，不会被大喜大悲所笼络、所左右。真正的自由是不做情绪的奴隶，人不容易被情绪控制，进而也就不容易被他人影响，世间安得双全法，唯一的自我保障就是淡然处世，悲喜于我无从伤害。

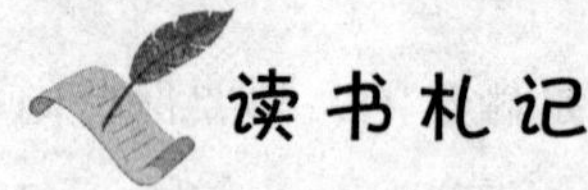
读书札记

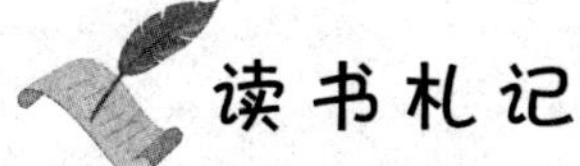

读书札记